能 一 起 吃 飯 真 好

孩子，
回家吃飯吧！

一個人的晚餐，只是「獨自吃一頓飯」；
一家人的晚餐，卻是「維繫全家的愛」。

陳煥庭 —— 著

有意的教誨，無意的身教

這本書，有內容；書的作者，有歷練。合起來，整本書，讀來引人共鳴、激發理想。

初識煥庭，在台下做他學生。煥庭講課，字字珠璣，加上聲音渾厚有力，聽他講課，除了學習，更是享受。

某次課堂上，煥庭談到自己和父親的互動關係，言語間竟輕微哽咽。當下，我立刻感受到原來在煥庭那誨人不倦的貢獻背後，父親有著深刻的影響。

煥庭在這本書中提到了每個人都熟悉，卻不見得知道如何適切面對的幾個課題。

他在自序中提到：「一個人的晚餐，只是『吃一頓飯』；一家人的晚餐，卻是在『維繫全家的愛』」。區區數語，提醒了生活中家人關係愛的本質。

他描述，價值觀如何在父親有意的教誨和無意的身教下被傳承。

他說：「『家庭』是一切教育的起點」提醒為人父母者，認清角色，積極行為，做好養育的工作。

家庭關係、價值觀傳承和家庭教育，不正是多數父母關心的課題？

　　煥庭曲折的成長過程，豐厚了他的生命體驗。他積極用功和學習，培養了專業敏感度，他因此能見到平凡事件背後的道理。他遍及海內外講課授道，練就精準語言功力，因此文章深入淺出。

　　這本書有內容、有理想、容易懂。為人父母者，無論年資，皆宜讀，必有所悟。

台積電學習發展處

處長　奚永明

社會再變，也要回歸基本

與煥庭老師認識是因為內人佩諭的引見，碰面之前就常聽她提起，老師在課程教授的專業與人際互動上的用心、細心。

還記得第一次的碰面，是因為公司課程發展向老師請教，幾次深談後更讓我感覺，陳老師不僅是在授課上用心，更是在日常生活中在待人處事，與人際互動的實際行動上，眞眞正正去落實，並實踐正確的人生態度和理念的良師，我個人認為這是一個非常難得的堅持與態度。

「師者，傳道、授業、解惑也。」這一句話在陳老師的人生態度和授課上，足以表達一切。好幾次與陳老師夫婦聚會時，都會討論一些生活的話題，陳老師和師母所關心和談論的，大部分都是關於「人」的品格與正確的人生觀。尤其是現在整個社會在快速追求經濟發展下，每個人都只顧著追求表面，而卻忽略了內在的充實，這是老師所擔心的，也是社會進步下的另一個隱憂。因此，老師也特別注重當價值觀被急遽扭曲改變的當下，最重要的莫過

於回歸最基本的家庭（夫妻）關係和親子教養了。

「百善孝爲先」這句話是一個好的文化傳承，也是一個落實實踐的具體行動。大時代的腳步很快，而人們往往都忽略、也忘了最簡單的幸福。與陳老師除了工作上的探討外，最常聽到的就是提及老師與父親、家人的互動，雖然是單親家庭，由陳伯伯一個人身兼二職，但父親給的關愛卻不少於雙親家庭，陳老師在父親這樣的關愛下成長，所以更懂得去包容、體諒、關心及愛身邊所有的人。

感謝煥庭老師和 Celine 常給予我們夫妻非常多好的想法和建議，希望所有人能珍惜擁有的一切，也感恩生命中所有的貴人，並好好孝順辛苦養育我們長大的父母親。

願上帝賜福所有的家庭，也衷心期盼煥庭老師和家人一切順心，圓滿如意。

SKYLINER HOLDINGS Co.,LTD.

董事會主席　郭晉

目錄

孩子，回家吃飯吧！

傍晚時分，接到父親來電話，話筒另一端傳來他蒼老的聲音：

「孩子啊！回家吃飯吧！」

相似的場景，同樣飽含濃濃關愛的聲音，簡單的互動，仍如同二十多年前般熟悉。唯一改變的是，現年九十多歲的老父親，早已不再年輕。

放下電話後，眼淚忍不住流了下來。

回想起年輕時的自己，對未來滿懷著好奇與衝勁，為了實踐理想放棄當時相對穩定的工作，轉而投入教育訓練產業。當年，為了補強專業上的不足，並非本科或相關科系畢業的我，只能靠著投入大量時間和金錢，在國內外四處進修，取得各種專業證照，讓自己點滴累積實力。

追尋夢想的過程固然美好，現實卻是要面對高昂的訓練費所帶來的經濟負擔。同時，年輕時的自己，又是個十足的「濫好人」，不懂得拒絕加上太輕易相信別人的性格，導致與他人合作事業卻屢遭欺騙、經濟困窘卻仍四處籌錢

借給朋友等，在這些情況重複出現下，債務不斷累積，當時年僅二十八歲的自己，負債竟高達一千五百多萬！

為了不讓父親擔心，我瞞著他悄悄兼了好幾份工作：早上到各地演講、主持和上課，下午則在路旁擺攤叫賣。

生活是辛苦的。

一邊努力實踐夢想，一邊卻被債務和生活的龐大開銷壓得幾乎喘不過氣來，每天捧著還款在三點半前匆忙趕到銀行，過程更經常是驚險狼狽，一邊趕在最後一秒衝進銀行，一邊內心自責自己為何把自己搞成這副模樣。

那是一段身體及心靈都備受煎熬的日子。

當年，父親不清楚自己債務的龐大和嚴重性，但隱約察覺出我生活遭遇到一些困境。然而，父親關心我，連續問了我好幾次，每次我都慌張的回應，直到有一次，父親沉默了，他不再主動開口詢問。

取而代之的是，每當傍晚時分，總是有一通電話響起，我知道是爸爸打來的，他會告訴我：「兒子啊～還沒吃飯的話，回家吃吧！」

在每次工作或擺地攤，收攤後的疲憊時刻，聽到這樣一句簡單卻溫暖的話，總是讓我很感動，也提醒著我：

「無論何時，我都有可以依靠的地方。生活再辛苦，我永遠都有歸屬的港灣。」

於是我抹掉淚，咬著牙告訴自己：「撐下去！」

我深信父親當年養育我們時，也是懷抱著同樣的決心。從小在單親的環境中長大，姊姊、妹妹、弟弟和我，四個小孩全靠父親一人獨自拉拔。對一個大男人而言，肩頭同時承擔著經濟的壓力和養育的責任，十分不易且艱辛，然而他一肩扛起這個重任，沒有任何一句怨言。

回顧過往，無論是工作態度、待人接物，或是與我們的互動，父親教會我們兄弟姊妹的，是點滴的身教和長遠的影響。而我，更在他身上看見一種柔軟又堅強的生命力——結合了忍耐、負責、堅持和犧牲的生命韌度。

這就是我的父親，平凡卻可敬。而我深深愛著他，四個兄弟姊妹皆如此。

可貴的傳承力量

從事教育訓練以及協談輔導的工作至今二十餘年。相較於當年的成長環境，如今時代已經劇烈的改變。走進書店的商業書籍區，映入眼簾的經常是類似的書名或討論

主題：《快速升遷的秘訣》、《三十天就學好英文》、《有效利用零碎時間》、《讓年薪翻倍的方法》等。

這些主題反映了現今物質社會的潮流趨勢——追求越多、越快、越好。這些確實重要，也的確是商場上通用的準則，然而我們應該思考的是：在順應和追求這些趨勢的同時，是否忽略了某些更值得珍視的事情？

近年層出不窮的社會新聞，以及越來越多學員寫信求助或尋求輔導的情形，而這幾年大家更可以看到駭人聽聞社會事件頻傳，從兒童受虐案件、北捷殺人案、小燈泡事件，甚至是最近高雄 19 歲女生因為媽媽反對與男友交往，就教唆男友殺害媽媽。

這些消息讓人感到非常心痛，對受害者而言何其無辜，親人又如何能夠承受這心中極深的悲痛，有時候當我們了解，這些加害者的一些成長背景，就不難發現，原生家庭和教養方式會對一個孩子帶來一生的影響。因此，就更強化了寫這本書的動機，在多年來輔導的經驗中，發現「親子教養」問題的確是許多父母的煩惱。

現今社會充斥著許多謬誤的價值觀，新一代孩子的品格與行為發展令人憂心，當然我並非教育學者，然而想

透過還原當年父親對子女的教養方式，或許可以給現今父母養育上的些微提醒或參考。因為自身的成長背景和對教育的理念，在課程中我偶爾會和學員分享自己和父親相處的片段，有時故事還沒說完，已經看到很多學員紅著眼眶、泛著淚水，也有許多學員聽完課後，有感而發對我說：「老師，您的父親真的很了不起！」學員的回饋給了我一些想法，我的太太 Celine 也提議希望能將父親對我們四個孩子的陪伴與教養的故事寫下，謝謝爸爸為我們所做的一切。

相信爸爸的教養方式，也可以在這個世代幫助許多遇到困境或瓶頸的父母，運用這些教養的原則和方法，建立跟孩子親密、信賴的關係，成為孩子在成長的路上，需要的支持與力量！這本書的完成，要感謝許多人。謝謝大姊、大妹和弟弟撥出時間陪著我共同重溫父親的點點滴滴，謝謝助理婉綾花費許多時間進行採訪，以及彙整本書內容。謝謝華華編輯此書過程中，如此的用心整理。謝謝妻子 Celine 在撰寫本書時，為了深入了解爸爸的一切，花了非常多的時間陪爸爸談天說地，透過輕鬆閒聊的方式，一點一滴的逐步拼湊了爸爸兒時到青年的成長背景，

讓我有機會可以聽到爸爸早已埋藏在記憶中的故事，進而認識一個更完整的父親，使得此書更具豐富性。

最後要滿懷感恩的心感謝上帝。讓我父親在人生下半場，遇見了可以攜手度過一生的另一半——李阿姨。她的熱情開朗，以及樂於助人的生活態度，為我們這個家和父親的生活帶來一股嶄新的氣象。謝謝李阿姨，如同母親般的照顧我們，謝謝她多年來為我父親以及四個子女所付出的一切，我們心中都非常感謝她，尊敬她，深愛她。

留一盞燈陪伴孩子

嚴長壽先生曾說：「教育不應是倒滿一壺水，而是點亮一根蠟燭。」我始終相信，「家庭」是一切教育的起點。

讓我們為孩子點亮一盞燈。父母或許無法陪伴孩子一起走完他的人生，但可以引領出正確的價值觀和方向，讓他走在不偏倚的道路上。

也讓我們時時為孩子留著這盞燈，開放一個永遠敞開的家門，讓孩子明白就算生活中有著再多的沮喪挫折，也永遠有一條「回家」的路。

我也真心企盼，無論你是否已為人父母，都能時時想起父母那深深的呼喚：「孩子，回家吃飯吧！」

回家吧！回到家人團聚的餐桌上，能在珍愛家人的陪伴下，好好吃頓熱騰騰的飯菜，是最奢華的幸福。

畢竟，一個人的晚餐，只是「獨自吃一頓飯」。

然而，一家人的晚餐，卻是「維繫全家的愛」。

無論我們在人生的戰場上如何功成名就，到頭來或許終究會發現，在生命的最後一刻，那些最後讓我們依戀的片段，不再是名片上的頭銜和銀行存款的數字，而是每天早晨的互道早安；是面對困境時的相互鼓勵，是晚餐時可以一起用餐，分享今天所發生的事情；是睡前一個親吻，帶著幸福而入眠。

我真心希望，所有人都能找到回家的路。

讓夫妻間的聯繫因著愛而變得緊密堅固。

讓親子間的代溝因著溝通而重新聯繫。

讓人際間因著家庭的重建而重拾互助和親密和睦。

讓我們下一代的孩子因著我們的用心，而具備愛心和勇氣。

真心希望，所有人都已在回家的路上。

父親自序

我出生的那一年

陳震宇

　　我成長的時代，是一個苦難的時代。

　　我出生在江西中部的一個小縣城，出了東門，經過縣江，走過一個沙地，再過一條小河，就到了我的老家——芙塘村——。

　　祖先們是從哪裡遷來此地，我並不清楚，只知道不大的村莊裡，十餘戶人家都姓「陳」。村裡人家大多以務農為生，少數一兩戶人家則亦商亦農，像我家就是如此。那時父親在外與人經商，母親則在家耕種。我們沒有豐富的農業知識，村裡又沒有水利建設，只能靠天吃飯，一年的收成難以糊口。此外，村裡也沒有衛生醫療單位和設備，一旦生病，只能看造化。

　　我的六個兄弟死掉三個，只剩下三個，母親在傷痛之餘，也因病而逝。因此我和弟弟們都是由堂嬸帶大，後來的求學時期一直住在城市邊的姑媽家，寄人籬下的那段歲月，心情難免苦澀。

就讀小學四年級時，正是對日抗戰最激烈的時候。那時江西省政府已遷至泰和，敵軍飛機不斷前來轟炸。

一天早晨。我們正在上國語課，突然警報響起，不久面北的天空有一批批敵機由遠而近，迎面而來，嚇得我們四處逃竄！有些人躲到防空洞，有些人則逃往樹林裡。當時的我聽到遠處不斷的轟炸聲，以及機槍掃射的聲音，心想我們的同胞經過這次攻擊，不知道有多少死傷和財產的損失，想到這裡，內心對日本軍閥的暴行痛恨不已。

中午時分，警報終於解除，於是我離開藏身處，慢慢走回學校上課。快接近學校時，赫然發現前方公路邊的電線上，掛著一節被炸斷的人腿，褲子還穿在那條腿上，腿上的鮮血早已凝固，十分怵目驚心。或許這條腿的主人只是誰家的兒女，剛好在路邊農作或走在路旁就慘遭炸死，這就是戰爭的可怕與無情。

民國三十四年抗日戰爭最後得到勝利，當時舉國歡騰，正值復原之際，不幸國共兩黨談判破裂，兵戎相見，於是緊接著爆發國共內戰，不到兩三年時間，中共席捲了整個中國大陸，國民政府不停往南轉進，我也隨著這股洪流來到了台灣。

如今，一甲子過去了，心中感慨萬千。

記得當年是響應政府在江南一帶搶救知識青年的號召，於是隨贛南一批學子，由一林姓校長帶領著，一路經曲江到廣州，其後搭載的船於八月初抵達台灣基隆港登岸，從此注定了這一生艱苦的命運。

當然也是自己努力不夠，以致虛度一生，毫無建樹。只有規規矩矩、忠心耿耿。在軍中服務了三十六年餘，談不上功勞，但或許有些苦勞。當反共戰爭最危急之時，我曾兩度前往外島馬祖服務。當年的馬祖只是一個荒島，連道路都沒有。所有人的行李都是由山頭滾到山下，搭起帳篷遮風蔽雨，日夜挖戰壕、建築雕堡，吃盡苦頭。

然而，當時大家都年輕，懷著一腔愛國熱情，以「打回大陸去，解救苦難同胞」為職志，士氣長虹，無人叫累、無人叫苦，全體一條心為反共復國而努力打拼。民國五十二年間，我二度從外島調回本島岡山機場服務，生活較先前安定，加上早已過了適婚年齡，遂萌生成家意願，於是託人幫忙物色對象。後來經介紹認識一位宋姓小姐，會講國語。於是在彼此也都還能接受對方的前提下，認識不到半年便結婚了。

當時在對其家庭狀況和性格瞭解不夠的情況下倉促成婚，以致後來婚姻破裂，留下四個小孩。最大的當時就讀國中，最小的老四才讀小學一年級，正是需要人照顧的時候，突然的變故讓家庭頓失重心。

　　我只能鼓起勇氣，發揮無限的毅力和耐力，父兼母職撫育四個兒女長大成人。期間在經濟和精神層面，不知經過多少的痛苦和壓力，但眼淚只能一一往肚子裡吞。唯一的心願只希望兒女都能受正常教育，不要學壞，品德端正，平安健康的長大，將來能為國家社會做些事，不負我辛苦培育之恩，僅此而已。

　　幸好皇天不負苦心人，單親家庭的四個兒女都還爭氣，成長的過程中大多能體諒父親的辛苦，皆能自立自強，順利完成自己的學業，也養成刻苦耐勞的精神。如今他們各自娶、嫁，都有自己的事業、家庭，尚堪安慰。

　　書中許多小故事，都是真實的一些生活歷程。希望這段艱苦歲月中，一個單親父親的作為和如何教養子女的點點滴滴，能讓我的家人和下代子孫，瞭解我當年面臨艱困、無助的環境下，如何度過難關的過程。

　　由於時空環境的轉變，有些教養方式放到現今或許

不一定正確，但仍有許多作法值得父母作爲管教子女的參考方向，也許可以得到一些收穫。總括一句，「教」的基本精神：只要有愛心和耐心，身教重於言教，能夠以身作則成爲兒女的榜樣，孩子想學壞都難。

　　以我數十年的養育兒女經驗，得出以上結論，希望對爲人父母者能有所助益，並謹以此爲序。本人因年事已高，往事如麻，難免有疏漏或詞不達意之處，尚冀各方人士指教，謝謝。

我們家的老爸

蕭希琳

我愛我們家的老爸。

雖然，我只是嫁給他兒子成為他的媳婦而已。

但是，他卻能始終把我當成自己的女兒一樣。

從我嫁進這個家以來，我不只感謝上帝賞給我一個好丈夫，我更感謝上帝賜給我這麼好的公婆。

因為，我從不曾看過他們一家人有過爭執。

即使，個性不同、意見不合的時候，他們仍然是在笑笑鬧鬧中，兄友弟恭一番，繼續和睦相處。

他們總是順利達成共識，從來沒有結下樑子。

我認為這樣的家庭關係，就是天堂。這個歷經風雨和艱苦的家、曾經有過單親家庭的辛酸、有過經濟拮据的困窘，卻有一個靈魂人物，讓這個家像天堂一般和樂融融。讓這個家像天堂一般吸引著孩子們想家、戀家、急著回家，這個靈魂人物就是我們家的老爸！

很奇妙的是，身為空軍中校的老爸，一點也沒有軍人的威嚴和霸氣。他的外表，不高不矮，不胖不瘦，中

等身材。永遠和和氣氣、笑容可掬、忠厚老實、善良可親。你很難想像他是怎麼在工作與家庭中奔波劬勞，又是如何父兼母職照顧四個孩子長大的！孩子們竟然可以都那麼健健康康、快快樂樂的長大，不因貧苦而失去美好的童年回憶，不因擔心而落寞喪氣；為什麼他們沒有因缺乏而感到空虛，也不需要倚靠不恰當的方式，來脫離原生家庭所帶來的創傷呢？

我發現其中的秘訣和答案，就是這位看起來不威嚴、不高壯的老爸。在他的內心裡，有股非常非常巨大的能量，維繫了這個家，不但沒有支離破碎，並且還能朝氣蓬勃地成長茁壯。這個能量，來自他心中無限的愛！

他那份愛家的心、愛孩子的心，他那為了愛而付出、而犧牲的心，為了愛而忍耐、而勇敢奮戰的心，是老爸最酷、最強、最大的能量，也是這個家最珍貴的寶藏。

在這擁擠又疏離的城市裡，我想回家，因為那裡有老爸；在燈火通明卻極其黑暗的巷弄間，我找得到家，因為那裡有老爸；不論春夏秋冬，有事沒事，過節不過節，三不五時，我都願意回家，因為那裡有老爸。

老爸啊！老爸，謝謝您帶給這個家更多的溫馨，讓幸福的感覺更濃。

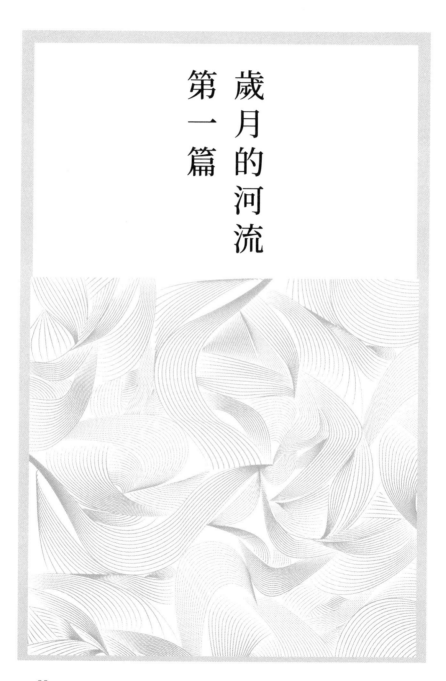

第一篇　歲月的河流

童年記憶裡的父親身影

由威爾史密斯（Will Smith）主演的電影《當幸福來敲門》，描述單親爸爸克里斯，因為事業失敗而面臨付不出房租、三餐無以為繼的困境，只能帶著五歲的兒子到處奔波流浪。為了寶貝兒子，他重新振作起來，在肩負財務和養育重擔的同時，仍能鼓勵兒子樂觀面對挑戰。在不斷努力之下，最後成為一名成功的投資專家，也證實了他的信念：「只要今天夠努力，幸福明天就會來臨。」

這部根據真人真事改編的勵志電影，不但讓全球觀眾感動落淚，也扭轉了許多觀眾的人生態度。片中主角和兒子互動的溫馨鏡頭，也深深撼動人心。

電影中最動人的畫面之一，就是當威爾史密斯問兒子：「你幸福嗎？」得到兒子堅定的答案：「是。」

對兒子而言，父親的陪伴，就是最幸福的事。過去大家對單親家庭容易有負面的刻板印象，也讓許多單親家長擔憂孩子的未來。其實，只要教養的方式和心態正確，單親父母一樣能培養出樂觀、積極的孩子！

第一章 這是我的家

幸福的定義人人不同，
然而沒有人會否定，溫暖的家能帶給我們龐大的幸福感，
我的家也許不是傳統定義裡的幸福典範，
但因為有愛，我們回憶裡的這個家，非常幸福。

爸媽結婚於民國五十二年。在那個年代，大多都是透過媒妁之言，經由他人介紹而認識，雙方往往在還不瞭解對方的狀況下就結了婚。爸媽的婚姻便是如此，但由於彼此的個性與價值觀差異實在太大，最終只好以離婚收場。

對於母親的記憶，其實已經十分模糊。印象中的母親，有著濃密的秀眉，笑起來像彎月的眼睛，留至頸部的微鬈短髮，以及響亮渾厚、充滿力道的嗓音。當年以孩子稚嫩的視角仰望著她，總覺得母親的形象是那樣的美麗。

然而美麗的母親，卻又常讓我們兄弟姊妹感到害怕。性子較急躁的她，對我們的管教異常嚴苛，我們經常只是因為不小心說錯一句話，或是做出稍稍不得體的行為，事後就會被她用藤條狠抽，大、小腿上一條條鞭痕清晰可見。

此外，她當天的情緒好壞也嚴重影響對我們的管教方式。所以從很小的時候，我們就磨練了察言觀色的本能，不知道這和我日後投入訓練輔導的工作是否有關，但

在那時候，懂得在媽媽的情緒暴風來襲前謹言慎行，可是避免皮肉痛的必要伎倆呢！

於是，我們兒時對母親留下最深的印象，不是溫暖的懷抱，而是經常的提心吊膽；對她最主要的記憶，不是溫柔的床邊故事，而是腿上條條鞭痕所殘留的麻辣疼痛，還有經常縈繞於耳際的叫罵聲。

性格敦厚溫和的父親，不忍我們常因小事而遭受嚴厲處罰，對於母親的管教方式，他也曾不間斷的勸說。古代的孟母三遷，是希望透過環境來改變孩子的教育，但我家後來舉家搬到台北，希望的卻是換個環境能「改變母親」的一些想法。但或許是媽媽的本性，也是她教育的風格，就如同爸爸也有他的風格（當然我們只愛爸爸的這種風格 ... 呵呵），於是可想而知的，爸媽之間的差異，便隨著時間逐漸擴大，雖然我們也不期望有這樣的結局，但到了我四弟就讀小學，媽媽也比較不用擔心幼兒教養的時候，有一天，爸媽告訴我們他們協議離婚，當天母親收拾了自己的行李，離開了我們家。

此後，我們還是可以見到媽媽，只是時空背景已經大為不同。不可否認的，這是我們成長時代的一段悲傷往事。

人總要向前走，日子總是要過下去。這個家雖然少了媽媽的陪伴，仍需繼續維持，只是爸爸肩上的擔子就更重了。

從爸媽離婚的那天起，爸爸就父兼母職，一肩扛起養育我們四個兄弟姊妹的重責大任，含辛茹苦拉拔我們長大。如今對母親的回憶已因歲月嬗遞而逐漸褪色、變得斑駁，相對來說，在這段並不容易的成長歲月裡，我們對父親一路上的提攜教養，卻更加珍惜。這段成長記憶也因爸爸的愛，顯得日漸鮮明而閃亮。

我從不諱言我是單親家庭出身，但我也要衷心感謝爸爸給這個家無與倫比的愛，雖然媽媽很早就離開這個家，但我們幾個孩子日後仍經常和她保持聯絡，直到她離開人世。

日後我從事教育訓練、諮詢輔導工作。曾經有一位母親帶著正值青春期的女兒前來尋求輔導，希望能解決親子相處的磨擦問題。在向我敘述女兒的各項行為時，那位母親擔憂的問：

「老師，我在孩子很小的時候就和老公離婚，是不是因為如此，她從小少了父愛，所以才會變成這樣的性格？我很擔心這樣的家庭環境，以後是不是會對小孩造成不好的影響？」

每當在類似情境下，我的心，總會響起一個聲音：「能在健全雙親家庭中成長固然最好，然而就算單親家庭，也可以教養出很棒的下一代啊！你面前正有一個真實案例！」但通常我只是溫和的微笑，然後請這位家長放心，不要因為婚姻的問題，而讓自己連帶也有著教養上的罪惡感。在進行親子輔導時，也經常接到類似家長求助。傳統觀念總認為：「單親家庭的子女容易變壞。」因此這些家長的擔心和隱憂不難理解。

然而，**單親子女真的容易變壞嗎？**

現今的社會中，我們同樣可以看見許多有著健全雙親的家庭，他們教養的小孩，也難保不會出現問題孩子。例如，由於成長過程中父母的過度溺愛，讓孩子彷彿溫室花朵般被無微不至的保護，反而造成這些孩子錯誤的價值觀和偏失的行為。我們看電視裡那些讓人扼腕的不良青少年，吸毒、糾眾鬧事、偷拍光碟，乃至於對父母動粗行兇的，許多也都出身在父母俱在的富足家庭。同樣地，我們看到許多青年勵志典範，卻是來自單親家庭。

孩子良好品格和核心價值的建立，來自於正確的教育方式，而不只是「單親」或「雙親」結構的單一問題。

爸媽離婚的那一年，大妹和四弟都還小，還不瞭解
「離婚」兩字所代表的意涵，懵懵懂懂中，只知道一件事：
「媽媽不會再回到這個家了。」

而年紀稍長的大姊和我，早在那陣子爸媽互動的氛圍
中，就隱約察覺到他們兩人很有可能會離婚，因此當母親
離家後，我們沒有追問也沒有吵鬧，在心疼爸爸的同時，
很快就接受了「從此家裡少一個人」的事實。

最有責任感的大姊，為了減輕父親的重擔，主動挑
起料理家事和照料弟妹生活起居的任務。為了讓爸爸下班
回家後，只需要炒一下菜就能吃飯，我和大姊每天放學後
的例行工作，就是先到遠處挑水，接著大姊開始洗衣服，
我則是到附近撿一些枯樹枝當柴火。

在那個沒有瓦斯爐的年代，家家戶戶都是用大灶煮飯，
因此「煮飯」並不像現在那麼容易及方便。每當柴火生起，
需要持續盯著，以控制火候的溫度，如果一個不小心、火
候控制不當，當天就只能吃到不熟或是燒焦的晚餐。

粒粒分明、香氣撲鼻的白米飯，對生活拮据的我們
來說，可是難得的享受，絕大多數的日子，我們都是吃著
摻雜大量地瓜的稀飯。如果家裡的米缸快要空了，我們

就會用政府配給的麵粉揉成饅頭，或是擀皮包餃子作為主食，有時也會煮上一大鍋的麵疙瘩，就算是這種最簡單的平民美食，也能將一家人的胃腸填得飽滿緊實，滿足我們的口慾。

偶爾在全家一起桿麵的準備晚餐時刻，爸爸會心血來潮的提議：「晚飯後，咱們做點心來吃吧！」

這項提議總會引來我們的一陣歡呼，於是晚餐後，就是最令我們雀躍興奮的時刻！我們總是充滿期待站在一旁，看著爸爸用水攪和著麵粉，耐心調成黏稠麵糊後，鋪在鍋子上，接著拌入砂糖，在大鍋裡煎成酥黃微焦的煎餅。那一張張香甜酥脆的麵粉煎餅，是家裡唯一吃得到的點心，也成了我們童年的美味記憶。

即使到了現在，四個手足都已長大，生活也比較充裕，我們仍舊喜愛吃麵食、水餃、包子等食物，這或許是源自於對那困頓貧乏年代的記憶追尋，也或者是爸爸在廚房熱灶熱鍋的身影，已然深植於我的腦海深處。這就是我的家，雖然我是單親孩子，但從不缺溫暖與關愛。

記憶中少有傷痛，我的童年仍是快樂的。

第二章　兄弟姊妹幸福群像

幸福，是來自哪裡？
不是偶爾的送禮 Surprise,
而是來自日常生活點點滴滴的溫馨甜蜜。
我們最幸福的事，是有一個愛我們的爸爸，
以及一輩子相互扶持的親密手足。

　　我知道很多家庭在兒女各自成家後，就變得生分，彼此間也有了距離。但這在我們陳家是不可能發生的。不管多少年過去，我們一家子相處就是那麼熱情，就好像小時候的感情一樣綿密。我們經常聚餐，每周固定回老家陪爸爸，吃飯時，也會聊起從前的事情，然後大家笑成一團。

　　回想那個年代，不只我們家窮，整個台灣社會也都還從農業社會成長到現代化社會的適應過程。那時候，「吃飯」可是一天中的大事，不只因為可以飽肚，也因為家人團聚的快樂。

　　用餐時，你一言我一語的相互吐槽、彼此分享在學校的糗事，還有永遠聊不膩的生活點滴。吃完飯後，不需父親提醒，我們都會自動收拾碗筷，而大姊也會在此時發揮糾察隊長的角色：「今天換誰洗碗啊？老三，是不是輪到妳了？」

我們是用值日生的方式分配家事。當天輪到誰，就會自動自發做家事。當然有時候也會有人小小的賴皮，這個人通常是最愛撒嬌的大妹，她會賴在大姊身旁說：

「大姊……我今天好累喔……妳可不可以今天幫我洗，明天換我幫妳拖地嘛！好不好啦！拜託拜託！」

面對大妹的撒嬌外加哀求的攻勢，疼愛弟妹的大姊往往又好氣又好笑的答應：

「好啦好啦！真是拿妳沒辦法！老三妳明天不可以再賴皮喔！」

當時唯一不用當值日生洗碗拖地的，是年紀最小的四弟，不過他被賦予了另一項更重要的任務──跑腿──！當時我們住在台北的濱江街，居住的區域正好是低陷的盆地，四周放眼望去全是稻田，十分偏僻荒涼。即使是用較快的腳程走到離家最近的雜貨店，來回一趟也要近四十分鐘的路程。因此每當大姊在廚房吆喝著：

「老四！去買鹽回來！」儘管不情願，四弟也只能嘟著嘴乖乖出門。

後來四弟在求學期間展現了他的運動長才，無論是田徑、籃球等項目，都有不錯的成績，除了本身的天分外，

或許也是因爲兒時長年跑腿所鍛鍊出來的好體力吧！

家中諸多的繁忙雜事，就在我們兄弟姊妹的分工合作間完成，因此爸爸不需特別操煩，家裡照樣整齊乾淨。而這些做家事的分工環節，把每個人緊緊扣在一起，成了家人親密關係建立的重要時刻。

或許和從小就被訓練要做家事有關，我們兄弟姐妹的個性都十分獨立自主。有些家長希望子女功課名列前茅，未來具備一定的競爭力，擔心若讓孩子分擔家事會剝奪他們念書的時間，因此會對子女說：

「你只要好好讀書，把功課顧好就好，家事不用你做！」

然而，分擔家務是教育子女學習自律、負責，以及建立家庭觀念的重要過程。從小就不做家事的子女，只一味享受他人付出的成果，自己卻沒有付出相對的勞力，這樣很容易造成未來婚姻生活的摩擦和爭執。

其實，「做家事」能讓孩子對家庭有參與感，讓他認識到身爲家中一份子，就必須共同努力維護家中的事務。即使孩子年紀還小，也可以讓他們從收拾自己的玩具、收拾桌面等簡單的家事開始做起。

回想小時候家裡的分工模式，爸爸不曾用物質獎賞作

為誘因鼓勵我們做家事，不過他總會在我們完成後給予言語的讚賞和精神上的鼓勵。即使我們完成的速度比較慢，或是做得還不夠好，他也不會因此嫌棄或責備，而是耐著性子仔細教導我們。只要下次有進步了，父親也會不吝惜給予大大的讚賞。因此我們總是能從做家事的過程中獲得成就感，自然也就更樂於主動分擔家務。

我們儘管生活不富裕，家中仍然很熱鬧，總是充滿幾個孩子們歡快的笑聲，這樣和樂的氛圍，或許是因為爸爸對我們的關懷從不缺席。

即使再忙再累，爸爸也會趕回家煮晚餐，在談笑間共同享受用餐的愉快時光。那時沒有瓦斯，更沒有熱水器，每天我們輪流洗完碗筷後，大姊體恤爸爸的辛苦，總會主動找柴火幫大家燒水，催促我們洗澡。直到我們一一搓洗乾淨後，爸爸會宣布家裡的例行行程：

「現在要專心寫功課囉！爸爸在旁邊看書陪你們，有不懂的地方來問爸爸！」

於是，晚餐時那張由木板釘成的餐桌，搖身一變成了我們的書桌，大家乖乖攤開課本和練習簿，「沙沙沙」地寫著作業。而爸爸這時候通常會拿起一本書閱讀，過程

中有時也會起身探看我們寫作業的情況，遇到我們有不懂的地方，就一一給予細心指導。如今回想，小時候只要我們念書或寫功課的時候，爸爸一定會坐在一旁看書，這樣的陪伴方式讓我們感染了讀書的氛圍，也讓正值貪玩年紀的我們，每天都能自動自發完成功課，並始終維持不錯的成績。

日子雖然辛苦，卻充滿許多美好回憶。那些日子就如同簡單、柔軟的白吐司般，單純的滋味中夾雜著一絲微甜的淡香。我們幾個兄弟姊妹在成長過程中，雖然少了母親的陪伴與照護，卻不會因為「單親孩子」的身分而自卑或有著怨懟，對於父親和手足間的情感，反而顯得更加緊密貼近。

第三章　餐桌旁的溫馨故事

多年後的我，已經有能力吃山珍海味，
但再怎麼知名的美食，也比不上童年餐桌那一道道簡單的菜。
看電影裡有道菜叫做「黯然銷魂飯」，吃了會讓人流淚，
我倒覺得，人人記憶裡都有著屬於自己的黯然消魂飯，
在想念的季節裡，讓你邊吃邊流淚。

　　每個家都有一張餐桌，每張餐桌都有屬於自己的故事。而我對於「餐桌」的情感，尤其深厚。

　　在我的定義裡，「餐桌」幾乎是「團聚」的同義詞。

　　印象中爸爸總是推掉所有應酬，工作儘管再忙，也會回家陪我們吃晚餐。在他的選擇清單中，「陪孩子好好吃一頓飯」絕對是每日最優先的大事，即使遇到非處理不可的事情，他也總是先趕回家陪伴我們，直到飯後才又匆匆出門處理手上的工作。「餐桌」也因此成了凝聚我們最多快樂回憶的所在。

　　那些年，我們常會用「眷補證」去領取一大袋麵粉，然後全家合力擀麵皮、揉麵團，做出大餅、饅頭和麵疙瘩，過節時更會拌上一點餡料，包出全家都愛吃的水餃。這些過程親密鏈結著全家的互動，即使不小心煎壞了餅、饅頭沒有發，或是蒸出表面坑坑洞洞的醜饅頭，也在彼此的笑鬧聲中，成了有趣的回憶。

當年在家中經濟較拮据的日子裡，有時晚餐桌上往往只擺著一大盆的麵疙瘩，也許不夠營養，卻也餵飽了我們兄弟姊妹一張張的嘴。當飯菜擺上桌後，爸爸總會高聲大喊：

「老大，開始擺碗筷囉！老二，幫忙盛飯哦！老四，到房間叫姊姊！」飢腸轆轆的我們，經常一聚到飯桌旁，就迫不及待的拿起筷子想要夾菜，卻總被父親阻止。

這是爸爸堅持的原則：一定要等到全家都坐在餐桌旁後，才可以開動。其實當年所謂的「餐桌」，只是用幾片木板隨意釘成的桌子，然而用餐過程中爸爸總會關心我們的近況，他臉上總是掛著和煦的笑容，耐心聽著我們興奮嘰嘰喳喳講述著學校的趣聞。餐桌上雖然簡陋，我們的晚餐儘管粗茶淡飯，卻在生活的歡笑點滴累積中凝聚了全家人的情感。

當我有天已經長大、不再是孩子時，我心中仍保留著一塊溫暖的回憶聚寶盆，每當看見騎著腳踏車的外省老伯伯，在車後架著一個大木箱，扯著嗓音沿路叫賣：

「山─東─大─饅─頭─唷！」那滄桑的面容和音調，總讓我想起父親。儘管兄弟姊妹現已各自成家，爸爸

偶爾也會撥通電話：

「今天，家裡有晚餐哦！」我完全明白父親的心情。因爲婚後的自己每當在廚房忙弄起來，兒時的酣想回憶總會重新浮現眼前。或許對爸爸而言，只要廚房緩緩漫起煙霧，他就會不自禁的想著：

「啊！孩子，就要回家吃飯了！」我知道，那張團聚的餐桌永遠存留在我們心中。

關於餐桌，還有一個回憶，有關父親的饅頭蛋糕。

記得某年的十月一日，早上出門上學前，爸爸特別叮嚀我們四個孩子：

「今天下課沒事就早點回家，爸爸有事跟你們說！」

看到爸爸如此鄭重的態度，放學後我們都不敢在外面稍加逗留，一下課就急急忙忙背起書包趕著回家。進到家門，立刻就聞到一陣飯菜的飄香，原來餐桌上已擺滿了比平常豐盛的菜餚，此時爸爸正笑呵呵地從廚房中端出最後一道菜——一顆奇大無比的饅頭——！

等全家都圍坐在餐桌旁，爸爸才對我們說：

「今天要你們早點回家，是因爲老大的生日在十月一

號，老二的生日是九號，老四的生日是十五號，爸爸想幫大家一起過生日！」然後他指了指桌上的饅頭繼續說：

「家裡沒有多的錢，買不起蛋糕和禮物給你們，所以爸爸蒸了一顆饅頭當作生日蛋糕，祝老大、老二、老四生日快樂！」

那天晚上，爸爸別出心裁的「饅頭蛋糕」，讓我們度過了一個美好而難忘的生日。

他就是這樣一個既細心又貼心的父親，總是記得每個孩子的生日，家裡的經濟狀況再困窘，仍不忘在這個特別的日子裡給我們一些驚喜，或是在晚餐的菜色中加顆蛋，全家共同慶祝生日。

就是這樣，不需要甚麼珍貴禮品。只要有著爸爸關愛的眼神，以及兄弟姊妹互相的真摯祝福。儘管沒有禮物、沒有玩具、沒有生日蛋糕，我們仍深深覺得，自己是備受疼愛和祝福的孩子。

第四章 爸爸的擁抱

犯錯是每個孩子必經的歷程，
當孩子犯錯時，做父母的是嚴厲責罵，還是一味寬容？
甚麼時候該責罰？ 甚麼時候又該安慰與原諒？
我的爸爸不是教育專家，
但他對我的身教，帶給我一生莫大的影響。

　　小學三年級那年，由於我的成績不錯，加上乖巧隨和的個性，在班上的人緣還算不錯，因此當選了班上的模範生，經常幫老師處理班上的一些事務，深受老師的信賴。

　　某天午休，老師有事必須離開教室，交代我協助管理班上秩序後就匆匆離開。當老師的前腳一踏出教室，全班彷彿逮到了難得的機會般，起鬨著要趁機大玩一場。

　　禁不起同學們的一再慫恿要我組隊，展開了聲勢浩大的「騎馬打仗」遊戲。正當大夥兒玩得興高采烈時，其中一個同學不小心撞到了牆壁，頓時頭破血流，十分怵目驚心！我們全嚇壞了，急忙派人去找老師，同時緊急將同學送往醫院治療，後來他的頭上還縫了好幾針。

　　當天下午老師氣急敗壞的把我叫上台，當著全班的面厲聲斥責：

　　「身為模範生，就要做全班的榜樣！老師不在時你卻

帶頭玩鬧，結果發生了這麼嚴重的事，好好反省一下！」

在師長面前向來是「乖乖牌」的我，第一次被老師這樣大聲責罵，而且還是在全班同學面前，當下我把頭垂得低低的，只覺得好想哭！當天放學後心情十分沮喪，同時心裡七上八下想著：

「怎麼辦？老師會不會告訴爸爸？」

回到家後，我懷著忐忑不安的心情等爸爸回家，卻發現他回到家後仍如往常般露出溫和的微笑，在廚房炒菜、做飯，於是我暫時放下了心中的大石頭。直到晚飯後，爸爸才緩緩地問我：

「兒子啊！學校老師今天有打電話來，說你帶頭玩騎馬打仗，聽說還有同學受傷了。爸爸想問你，這是怎麼回事？」

他的問話讓我嚇了一跳，立即緊張的回應：

「爸！我本來不要，是同學們要我找大家玩，我不是故意的！他們玩瘋了，才撞到頭的！」

此時爸爸輕輕拉過我的手，依舊維持著溫和的聲調：

「兒子，爸爸當然相信你絕對不是故意的，也知道你的心裡一定會難過。爸爸只想知道那位同學還好嗎？你

有去和對方道歉嗎？」

我眨巴著眼睛，委屈哭著說：

「又不是都是我的錯，為什麼我要道歉？是他自己不小心撞到的耶！而且老師還當面罵我，好丟臉喔！」

「老師一直都很疼愛你，這次在全班面前責罵你，當然你心裡一定會覺得不好受，可是你是模範生，老師當然會覺得你要當全班的榜樣啊，對不對？」爸爸充滿耐心地說。看到我點點頭後，他接著又說：

「這次你去跟同學說聲對不起，其實也是表達對同學的關心，他受傷了，聽到你的關心，心裡面也會好過一點啊！對不對？」我再次點點頭：

「好吧！我知道了，明天我會去找他的。」

「還有，明天也要去和老師說：『對不起，我沒有做好模範生的榜樣，讓老師生氣了。』知道嗎？」

「好。我會做的。」

最後父親握著我的小手，拍拍我的肩膀，說：

「兒子，沒有關係，同學之間有時玩耍跑跳，真的很容易受傷，所以下一次跟同學在玩的時候，也要幫大家注意安全的問題，知道嗎？來！沒事了，爸爸抱一下！」

爸爸話一說完，我立刻湊上前，把整個身體依偎在爸爸懷裡，在爸爸溫暖的擁抱中，所有不安、委屈和難受，都被悄悄釋放了。

小學三年級的這段往事，在我心中留下了深刻的印象，父親並沒有在當下立即責罵我，反而耐心的用同理心來傾聽我的陳述，並利用開放式的問句以及層層的誘導，讓我逐步發現自己的問題。後來自己在企業訓練中推行「教練式輔導」課程，其中的技巧或許就是在無形中受到了父親的啟發。

我時常和父母分享，當孩子犯錯時，父母的態度應該是何種樣貌？

「為什麼總是不聽話？」

「到底還要我說幾次你才懂？」

「我怎麼會生出你這樣的孩子？」

「你是要把我氣死，是不是？」

以上這些對白，不只在電視上看得到，連在日常生活中也常見識到不同的父母對孩子這樣子說話。

當子女犯錯時，大多數父母習慣以負面言語或情緒回應，然而這樣的處理方式，反而容易讓雙方關係陷入緊

張的衝突狀態。在孩子犯錯的當下，建議家長可以掌握以下大方向，幫助自己遇到狀況時，可以做出最適切的處理：

一、不急躁，先冷靜

嘗試著深呼吸緩和情緒，或暫時離開現場讓自己保持冷靜，避免在情緒不佳的情況下處理事情。

二、不教訓，先傾聽

當子女犯錯時，家長要先釐清孩子犯錯的動機和整體事件的發生原因，才能在過程中給予孩子正確的輔導，幫助他避免下一次的犯錯。有些父母在事情生後什麼都不先查清楚，第一件事就是先教訓孩子，這種作法反而會讓孩子為了逃避懲罰，犯錯時不敢向父母坦承，導致將來可能犯下更大的錯。

三、不否定，先討論

面對孩子的錯誤，家長先不要急著指正或是給予建議，應該站在孩子的立場，以同理平和的心態和他進行討論。讓孩子主動坦承自己的過失，嘗試解決問題並學習承擔責任。

在孩子的學習成長階段，所習得的各種人生模式，包括碰到狀況時會不會勇敢面對，還是一味只想逃避；包括對人對事，是否能光明磊落，建立健康的心態。這些都是來自父母的養成，而每次當孩子碰到狀況，家長如何處理，就會形塑孩子將來成人後的行為模式。

讓我們種下一個關愛善良的種子，有一天會在孩子身上開出幸福美善的人生花朵。

第五章 當孩子的拉拉隊

直至今日，我都還記得那天的情景，
原本心中充滿著失落感，
在努力過後畢竟還是沒能達成目標，
但爸爸一句話的肯定，帶給我們全體莫大的歡樂，
當年內心的激動，一直延續到今天，這就是愛的力量。

　　當年家中經濟十分匱乏，照顧四個子女是爸爸每月沉重的負擔，爸爸已經盡力讓我得到最好的照顧、讓我們得到舒適溫飽，至於上館子吃大餐，或者去遠地旅行，那真的已經超出經濟負擔範圍。

　　然而，我們幾個孩子就因此沒有幸福的童年嗎？當然不是！我們的童年可快樂著呢！因為親愛的爸爸，他全心的愛我們，只要遇上放假，他一定將全副心力放在我們身上，盡量創造歡樂美好的回憶。

　　記憶中，只要是假日就一定是全家的快樂時光，那一天全家都會起個大早，準備一壺水和幾個饅頭當午餐，不需要花大錢，就可以玩得很開心。去哪裡玩可以不花錢呢？可多著呢！陽明山、碧潭、甚至都會地區的公園，有句話說：「只要人對了，到哪玩都開心。」我們四個孩子和爸爸在一起，就是這樣的心境。

直到現在，每當我閉上眼睛想起從前，腦海中就回想起那一幕幕開心的旅行記憶，彷彿還聽得見一路上全家人笑鬧聲不絕於耳，經常要等到太陽快下山時才肯依依不捨的回家。到了寒暑假，爸爸總會帶我們到新竹、桃園一帶的親朋好友家拜訪，對大人來說，是人際互動，對我們小孩來說，就是旅行遊玩囉！

　　印象中，令我們幾個孩子最期待的，是一年裡總有那麼一天，爸爸會帶我們到一個最夢幻的地方玩，對孩子們來說，哪裡是最夢幻的地方啊！當然是兒童遊樂園呀！

　　遊樂園幾乎是所有孩子夢想的天堂，對我們來說更是如此。在出發的前一天，我就已經興奮到睡不著，邊期待著明日的種種，邊抱著棉被在床上打滾，天啊！實在太開心了。每次從遊樂園回來後，那快樂也仍持續著。那些乘坐雲霄飛車、旋轉木馬等快樂回憶，總成為接連下來幾天餐桌上我們聊不膩的話題。

　　爸爸深深瞭解遊樂園在孩子心目中的重要性，於是某次期中考前，他便在餐桌上對我們宣布：

　　「如果你們好好用功，只要有人考一百分，爸爸就帶你們去遊樂園玩當獎勵！」

「哇！」的一聲，我們全都舉手歡呼！當天晚飯後，不用爸爸叮嚀，我們全都自動自發，攤開作業簿子就開始認眞寫功課。接下來幾天，大姊更是負起督導的責任，叉著腰盯著我們讀書。這個超級獎勵讓我們在那段日子裡格外團結，連最調皮的四弟也乖乖聽大姊的話。

幾天後，期中考的成績出來了。我們忐忑地互相詢問彼此的成績：我考了九十七分，弟弟考了九十五分……但就是沒有人考到一百分……

當天晚餐桌上大家都很沮喪，畢竟我們沒有人考到滿分，也不符合去遊樂園的標準。於是我們四個全抿著嘴、皺著一張臉，低頭撥著飯不說話。已經知道成績的爸爸，先是盯著我們一個一個看，接著開口說：

「年底前，大家一起去遊樂園吧！」

當時我們全都嚇了一跳，大姊結結巴巴的說：

「可、可是……爸，我們沒有人考到一百分耶！」

想不到爸爸的回答讓我們又驚又喜：

「我知道你們沒有考到一百分。可是，爸爸也知道，你們這段時間都很努力啊！你們眞的很棒！」

年底前爸爸果然兌現諾言，而且更令我們驚喜的

是，那一次爸爸帶我們到了當時票價最昂貴的大同水上樂園！第一次來到這麼大型的遊樂園，我們全都興奮無比，之後有好長一段時間，我們幾個兄弟姐妹都沈浸在那股激動的情緒中，即使到了現在，每當兄弟姐妹有人提及這段回憶，大家還是意猶未盡說個沒完。

雖然不知道在當年困窘的經濟條件下，爸爸究竟是如何省吃儉用才湊出那次的門票費用，但爸爸能在忙碌的工作以及沉重的經濟負擔下，依然堅守承諾，設法陪伴孩子完成心願，讓我們幾個孩子都感動不已。

如今，多少年過去了，回頭看我們幾個兄弟姊妹的成長歷程，雖然大家個性不同、志向不同，每個人的生涯也有不同的發展歷程，卻有一件事情是相同的，就是我們全都傳承了爸爸對我們那股包容恩慈的力量。

在我們生涯的路上，無論遭遇怎樣的挫折或失敗，爸爸的愛總是能及時的撫慰我們，讓我們疲累的身心在安全的心靈港灣裡，再次得到鼓舞，可以重新站起再出發。

我常與學員分享，成長路上，孩子需要的是支持而不是打擊。我發現爸爸的方式，正是這種教育的縮影。

「孩子，人生不如意事十有八九，哪裡跌倒就在哪

裡爬起來，要有決心，要有勇氣！你絕對可以的！」

這句爸爸經常對我們說的話，是世界上最動聽的語言，給了我們無窮的力量。這意味著，一個父親始終相信自己的孩子，更意味著一個父親正在支持自己的孩子。在孩子的成長階段，家長們擔任著最重要的關鍵角色，對孩子表現出的一言一行，都正在塑造和改變他們的未來。

父母扮演的重要角色之一，就是當孩子的啦啦隊長。我們無法精準預測孩子未來會有怎樣的發展，但我們絕對可以在他們探索自我的過程中，用放大鏡檢視孩子的優點以及進步的地方，用心去觀察孩子的優勢特質和內在潛質，導引出他們最好的內在，並適時的給予讚美和肯定。

這樣的用心，不單能幫助孩子建立自信，也可以在孩子的優勢特質上，建立激發成長的種子，讓他將來有更卓越的表現。而這樣的模式能幫助他們建立自我價值觀，傳遞給孩子一個重要的訊息：即使他不是最聰明、最優秀的，仍然可以得到真誠的讚美，仍然有值得被愛的地方。

就讓我們成為孩子穩定的避風港，一路引領孩子長大，真實為他們帶來向上的力量，也為他們的生命帶來美好的祝福。

第六章　一顆蘋果的回憶

每次當我哭泣的時候，總有個人靜靜地安慰我，
在我成長的每個時刻，爸爸從不缺席，
我永難忘懷生命中甜美的蘋果滋味，那是爸爸給孩子無悔的愛。

　　蘋果，是我最愛的水果之一。

　　鮮紅的果皮、黃白色的果肉，每次當我大口咬下時，那濃郁的甜香總讓我回想起小時候開刀的回憶。

　　小六那年，我的屁股長了一顆瘤，那顆瘤整整有半顆拳頭大小，爸爸擔心會有異變，堅持要立刻開刀切除。當年的我，自認天不怕地不怕，唯一的罩門就是生病看醫生。去醫院就已經夠令人害怕了，更何況是「開刀」！那時我的稚嫩心靈，提起「開刀」，立刻就會聯想到廚房的菜刀和木砧上的食物。一想到此，腦海中就會浮現爸爸剁碎蔬菜的細脆聲音，以及切著肥胖的蘿蔔、絲瓜時，發出的「咚、咚」或「鈍、鈍」節奏，內心就害怕不已。

　　害怕歸害怕，身為孩子的我，卻又有點好強兼害羞，我就是不敢跟爸爸訴說自己內心的恐懼和擔憂，這樣的心情持續到了手術當天，我緊張的踏進開刀房，卻發現房間裡竟有一大票的護士！天啊！搞什麼東西啊！要開刀已經夠讓我緊張了，現在還有一堆漂亮護士圍著看我，我當下

感覺一陣臉紅，心想等會我的小屁屁就會被看光！（這真是天大的羞辱啊！！！）

原來醫院會經常安排這樣的情況，讓實習護士有實際觀摩學習的機會。當時的自己完全沒料想到會是這樣的場面，卻也只能漲紅著臉，在醫生的指令下咬著牙緩緩脫下褲子，露出半截屁股，內心除了原有的恐懼不安外，還混雜了十分羞愧的情緒。

難捱的時間終於結束，手術後躺在病床上時，害怕、慌張、丟臉……種種情緒漫上心頭，當下我把被子蒙在頭上，只覺得好想哭！不知道過了多久，忽然感覺到有人隔著被子，輕輕撫摸著自己的頭，我疑惑地拉下棉被，發現爸爸站在病床旁，溫和地對我笑著。看著我哭喪的臉，他什麼也沒問，淡定地從袋子裡掏出一顆蘋果遞給我：

「來，快吃吧！」

我用力的眨了幾下眼睛，有點不敢相信這是真的。因為我們小時候蘋果是非常昂貴的高級進口水果，以往只有在過年時家中才有可能買一顆，然後在每個孩子睜大眼睛流著口水的期待下，每人也僅僅能夠分到一小片。

如今，爸爸竟然把一整顆蘋果都給了我！

我用手抹了抹臉，接過那一顆又香又甜的蘋果後，用力的咬了一大口，「好甜！」是當時唯一浮現的念頭。直到現在我仍清楚記得，那一口脆甜的滋味以及父親無聲的關愛，在當時是如何的撫慰了一個幼嫩的童心。就是像這樣的點點滴滴，爸爸每每用他的愛，溫暖著我。

　　記憶中，我的爸爸，總會在人生重要時刻陪伴著我。他會出席我的重要典禮，他會在我最需要的時候，站在我身邊，讓我知道他在那裡，可以給我依靠。就好像當我在醫院哭泣時，他會適時地遞給我一顆蘋果，讓我破涕為笑，我生命中最親愛的爸爸，他永遠不會讓我的心感到孤單，他永遠讓我知道，任何時刻我有需要，當我回頭他總會在身邊。

　　現今的社會，許多人在職場關係中深受老闆肯定，能夠得到同事信賴，獲得下屬的尊重。雖然有人在工作上或許有著高度成就，一回到家庭關係中，卻往往不知道該如何扮演「父母」的角色，在越來越忙碌的行程中，能陪伴孩子的時間卻漸漸被壓縮，甚至消失殆盡。

　　我們可以試著回想，自己是否也曾有過這樣的時刻？答應家人卻未兌現的周末出遊、錯過孩子的慶生晚餐、因

忙碌而無法出席孩子的運動會或畢業典禮等。

在每次訓練課程中,我也會經常與學員分享,不管再怎麼忙碌,需要抽出一點時間來陪伴另一半,以及陪孩子說說話,畢竟「時間」是關係經營的必須品,而不是奢侈品。而這些付出的時間,都是「愛」的投資。

也許,每個孩子成長的過程中,都會這麼一顆類似蘋果的東西,那或許是一個用心的小禮物,或許是一張手寫的卡片,或許用 Line 寫上一段鼓勵的文字,一個溫暖可愛的小貼圖。重點不在於價錢,重要的是那來自父母的關愛與愛。你的孩子,是否曾經有過這樣一顆蘋果?!

就像我記憶中的那顆蘋果,溫暖我人生的每個時刻。

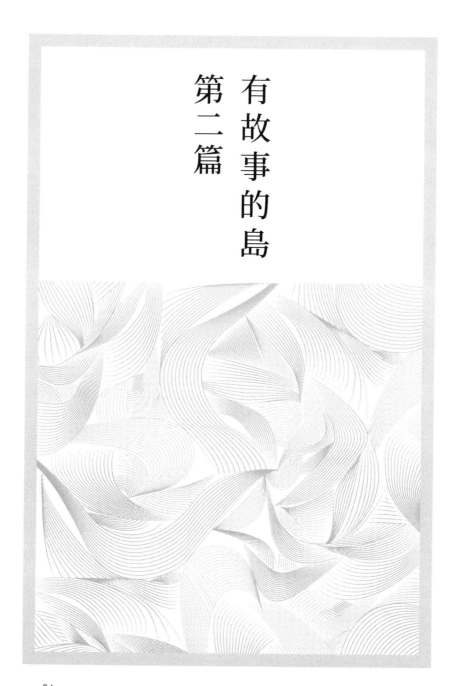

第二篇

有故事的島

那難忘的濱江歲月

　　一個很有名的實驗，讓我印象十分深刻：一隻剛出生的小猴子，一出生就被科學家將牠與母親隔離開來，在實驗室中單獨餵養長大。

　　科學家在實驗室裡佈置了兩個「假的母親」——一個是絨布做的猴子媽媽，另一個是鐵絲網做的猴子媽媽。絨布媽媽的材質雖然能提供小猴子溫暖，然而鐵絲網媽媽的身上，卻掛著可以溫飽肚子的奶瓶。

　　實驗經過一段時間之後，科學家觀察小猴子的行為發現，小猴子只有在肚子餓的時候，才會移到鐵絲網媽媽的身邊，一旦吃飽了，就會立刻回到絨布媽媽的身邊。因為冰冷的鐵絲網媽媽只能提供食物，然而絨布媽媽身上的溫暖和安全感，才是小猴子真正需要的。

　　此外，經過長期追蹤後，科學家更發現了一項驚人的事實：被隔離的小猴子長大後，相較於其他在正常環境中成長的同類，無論是情緒發展或是性行為方面都變得較不正常，甚至出現了把親生孩子虐待致死的情形。

　　這樣的實驗結果不但讓科學家震驚，也提供了為人父母的我們一個值得深思的方向：對孩子而言，在他們的成長過程中，什麼才是他們真正需要的呢？

第一章　我家門前有小河，後面有山坡

陽光燦爛的下午，

一群孩子在田間小徑歡笑地奔跑著，

這裡是我們的小小天地，

就算聲音再喧鬧，也絕對不會干擾到外面的世界。

　　可以說，我們是住在一個島嶼裡。這個島嶼，被一整片田野所包圍，出入只能走小小的田埂，在大雨的日子，所有路徑都被淹沒，那時候天地蒼茫，放眼四周都是迷迷濛濛。經濟情況不佳的我們家，可沒有閒情逸致感受這樣的浪漫，被雨淋濕的小小身軀，還得趕回家幫忙做飯呢！

　　這塊小小的土地，位在濱江街松山機場後面，這裡是我們家從南部岡山進駐台北的第一站，那年是民國七十年，我剛讀小學三年級。從那年開始，我這個南部孩子，就變成了台北人，一直到今天。

　　正所謂「篳路藍縷，以啓山林」。我們家的創建，雖不像初民來台墾荒，在一片蔓蔓荒野中，開闢出新聚落，但我們的房子也是完全從無到有，在一片荒地中，一草一木搭建起來的。我們當然無力請甚麼工人來施工，當年爸爸還在高雄岡山服務，為了搭建我們將來居住的家，他只能利用休假期間一個人往台北跑，我後來常常想，爸

爸是怎麼做到的？他本身不是木工出身，雖然有舅舅們幫忙，但蓋房子畢竟是一個大工程，況且爸爸還有繁雜的軍務工作要處理，怎有辦法如此南北奔波，既蓋好我們溫暖的家，也把工作的事做得有條有理？

所以爸爸對我來說，一直是個傳奇，直到今天，我還是不解，他怎能那麼厲害，以一個微薄收入的來台軍人，如何照養我們四個孩子安心成長到成年。

來介紹一下我們在台北的第一棟房子吧！當然不會是鋼筋水泥，也絕不會是樓房。事實上，若叫現代年輕人去想像，就算用最低標準去構思一棟房子多麼破舊，也難以想像出我們房子的克難。整個房屋完全用木材搭建，地板則理所當然就直接是泥土，我們的屋頂不是屋瓦，而是木頭外面搭上瀝青布，然後用磚塊壓住，或靠著繩子綁在一起。這樣的房子只能做到基本的遮風避雨，但若碰到風大雨大的時候，就會有點令人驚心膽戰。但即便如此，這房子是我們成長時代最安心的居所，照養著我們全家人，念書學習以及成長。三十多年後，我也曾回「老家」去看看，直到今天，濱江街那兒仍是偏僻荒涼，我們的房子還在呢！只是已經變成廢墟。

那時濱江街後面有一整片田野，但由於地形的緣故，田野中突起了兩塊小小的丘地，面積都不大，我們住的那塊比較大些，大約有八個籃球場那麼大。在這塊土地上，連同我們住著五戶人家。其中三戶都是我母親那邊的親族，分別是我大舅、二舅還有一位阿姨，另外一戶住的是老兵。距離我們這塊像島嶼般的小丘約五百公尺外，是另一個更小的島嶼，那裡面積更是小到只有兩個籃球場般大，只能住一戶人家。在四野茫茫，距離很遠之外才有住宅聚落的這兩個田中之島，我們一共只有六戶人家，渡過民國六○年代。

　　我說我爸爸很厲害，他真的挺有辦法的。我們的房子外表雖克難，但麻雀雖小五臟俱全，內裡的空間經過巧思做了適當的規劃，也有了三房一廳的格局。廚房則是運用屋後的空間，雖然沒有流理臺，但有小小的廚竈，其實就是用石頭堆疊起來的一個升火場地，底下有留空氣孔，小小年紀的我們，下課後會去砍柴火，添薪炊飯。

　　當年這整個區域是沒有電的，我們只能去偷接電，因為距離這兩個田中之島，最近有人煙處，已經在一公里外了，因此要進行這個「電力工程」還真是格外艱辛。但

說是電，也只不過是讓家裡每個房間有個小小電燈泡，晚上我們孩子們念書，都還得另外點蠟燭增加照明度。

這個區域也沒有水。既然是位在田中央的克難建築，可想而知，水也是去「偷接」的。當時我和大姊也才是小學生，每天要拿著鐵桶子去「打水」，過程中要走過細細的田埂，到一段很遠的距離外，找到水路管線，從隙縫中辛苦的接水，待水桶接了半滿，我們再挑著重量不輕的桶子，蹣跚的往回走。小孩子可以提的重量有限，往往我和大姊要來回跑幾次，才能挑回足夠一日所需的用水。辛苦挑來的水除了做飯用，也作為我們家全家人盥洗以及基本清潔打掃的用途。類似這樣，很多事現在回憶起來，一件一件都是那麼不可思議。

現在已經中年的我，回想起當年那日子雖辛苦，然而卻天天很開心。印象中，我和姊姊，每天早上穿上制服出門，在晨曦中穿過田埂，走八百公尺到了田邊，再走一段路才有公車站牌，但當年我們沒錢搭公車，我們都是用走路的。還好濱江國小還不算遠，離家大約兩、三公里，姊弟倆就每天這樣來回上下學。

回到「島」上後，我們畢竟是孩子嘛！當然很愛玩，

島上剛好也有同齡的孩子，他們其實也是我的親戚，就是表哥表妹那些的，差不多十個孩子吧！整個島就是我們孩子的樂園。雖說只有八個籃球場大，但也有小小的樹林，以及由房屋與雜草交織成的奇幻世界。

那時候我們都窮，但活得好快樂。爸爸是我們最安心的支柱，有了他在後面，我們都天不怕地不怕，幾個小小的聲音，歡笑在天地間。玩躲貓貓、玩官兵捉強盜，偶而也高唱著：

「我家門前有小河，後面有山坡。」

是的，我們家門前不只有小河喔！大雨時還有一望無際的水呢！至於山坡啊？我們自己就住在小山坡裡！

還有一個最大的山坡，就是我爸爸，他是我們得以歡笑童年的堅實地基，他像這棟克難的房子般，雖然拮据，卻帶給我成長時代無可取代的溫暖快樂。

第二章　爸爸是船長，守護田中家園

每年夏秋，都有虎視眈眈的颱風環伺，
當那無與倫比的強風彷彿從世界的盡頭吹來，
我們位在田中小島的家，就要膽戰心驚了。

　　住在克難的木屋，自然培養出可觀的危機應變功力。
小孩子不怕雨，但的確不喜歡「室內的雨」。我們的房子
屋頂是瀝青布做的，這種瀝青布理論上可防水，問題是，
屋頂並不會是一整塊平面，布是用拼接方式以及靠繩索連
結的，可想而知，一定漏縫很多，每到下大雨的時節，那
麼家裡肯定就要唱起雨滴交響樂。

　　現在回想起來，那聲音還挺好聽的呢！因為屋子漏
水，就要靠各種桶子接，那年代當然也不會用什麼現代化
的塑膠桶，而是將各種材質的破爛容器都得用上。有撿來
的鐵桶、鐵罐、錫罐、還有各種材質的臉盆。長期被雨洗
禮，我們家小孩已經訓練出如何和雨共生的智慧。懂得把
不同的容器放在不同的空間，配合漏縫大小，底下放不同
的器皿。客廳地板、走廊通道、各個房間，雨聲敲在瀝青
屋頂，或稀哩或嘩啦聲響，雨點滴落容器，有的如小瀑布
般稀哩哩打響鐵桶，有的如間歇鼓聲般，敲響錫製臉盆。
連床的位置也可能有雨水來打擾清夢，於是睡覺就要與桶

共眠。這是我們的雨聲童年，通常也只有碰到大雨滂沱的時節情況比較狼狽，至於一般梅雨那溫溫吞吞的雨霧，屋內就算小小漏水也習以為常。

但颱風來可就不一樣了！那鋪天蓋地的風雨，我們家就像處在大浪裡的小船，大家內心都惶恐不安。

我印象很深刻，有一回，我半夜在床上驚醒，為什麼驚醒？因為我感到有「水」的感覺，不是我尿床！而是真的一睜眼，黑暗中就著微微的燭光，我感到四周一片水意蕩漾。天啊！家裡淹大水了。床變成一葉扁舟，再晚點，我們都要睡在水裡了。那時爸爸趕緊招呼全家人，緊急帶著簡單的物品，一齊逃難到防空洞。原來那回颱風，雖然風勢不大，但卻帶來雨災，原本逢雨必漏的我們家，現在不只漏水，還快被雨水淹了。

在那年代，我們沒有即時新聞，颱風的大小都是憑著有限的資訊，爸爸在軍中已有颱風情報，學校老師也會告訴我們防颱注意事項。回到家後，整個島嶼上的住戶們，已經如臨大敵。大人們，早已做好更多的房屋強化措施，以我們家來說，爸爸要做的事可多著呢！

在二十一世紀，我們坐在溫暖的現代鋼筋水泥大樓，

看著電視裡全聯福利中心廣告，全聯先生帶點搞笑的邊在門口搭水泥包邊說防颱三步驟。回想起當年我們在田中之島上的颱風夜，卻絕不是那麼簡單。在門口搭水泥包是沒用的，問題不在堵住門窗，而在於照顧「整棟房子」。

是的，什麼屋頂漏水、風灌入屋內，這都已不是什麼大事。重要的是房子不能被「吹垮」，於是身為一家之主，我們最堅實可靠的船長的任務。在預知颱風來襲前，他已經對整個房子做了各種堅實的補強，所有的救難設備、繩索以及備用的布料，也都準備齊全。

而在風雨漸大的時刻，我們這個島的五戶人家，大人小孩們一起集合，趁著天勢尚未太暗，大家手牽著手，走過「水田」，去到另一個島上，那裏有一個大家共用的防空洞。當下早已看不到田埂，混濁的泥水，已經蓋上我們的膝蓋，對於較小的弟弟妹妹，大人就得抱在手上，然後走五百公尺，去到另一個高地，經常大人還需回房子整理收拾，所以先把孩子送進防空洞，過程中可能用接力的方式傳送孩子。

若雨勢更大，那水不只淹到膝蓋，四周根本一片汪洋，那我們真得要「搭船」才能去到另一個島了。這個船

不是別的，其實就是那年代洗澡用的鋁製大澡盆，把孩子們放到澡盆裡，我有一個舅舅是陸戰隊的，他負責游到對岸拉繩，然後對岸的大人和這岸大人合作，用繩子把澡盆牽過去，這就是颱風夜孩子們的船。

當颱風遠離、水潮退去，爸爸就會急忙趕回家，查看房子毀損的狀況。滿目瘡痍是可想而知，不是房子哪一角掀了，就是哪裡破了大洞，窗戶玻璃破裂，泥濘遍滿家中。然而，在每一年都會遭遇到颱風狂掃過後的相同經歷中，卻很少看到爸爸會有所埋怨，或有所負面的情緒發洩，他總是告訴我們：

「好在！房子還在……人都平安……」接下來爸爸就會快速分配我們四個孩子不同的任務，開始清掃家園，當全家人相聚一起，不分彼此共同為了這個家，為了明天更好而努力，相信再大的困境都可以齊心克服！

如今，每次回想颱風的事情，心中總是有著滿滿的悸動，我想這也是我們全家人的情感可以如此的緊密相繫的重要原因。

第三章　那永難忘懷的童年點滴

就算半夜想要上廁所，也得儘量忍著，
因為比起肚子裡那點不適，
要摸黑走到那臭氣熏天的茅坑，絕對是更大的挑戰！
我們寧願撐到天亮點再出門，
那時終於可以解放，哇！好舒服。

　　住在沒水沒電的木屋，自然不指望會有廁所。不只沒有現代化的廁所，就連最傳統簡陋的廁所也沒有。這個田中之島上的五戶人家，共用一個戶外廁所，古代人不是稱廁所為「茅坑」嗎？我們當時實實在在上廁所的地方，就是茅坑。

　　這也是幾戶人家共同搭建的，牆壁自然是木板，天花板呢？就是茅草了，所以叫茅坑。至於最重要的，排泄物的去處呢？不可能有甚麼流通機制，就只是一個坑。真的就是一個坑，每日承載五戶人家幾十口人的廢棄物解放，那坑只會越來越滿，「東西」不會跑去其他地方。

　　上茅坑，正是場惡夢。一走進去，首先會看到一疊磚塊，這疊磚雖然也有擋住糞坑，不讓畫面太噁心的作用，但磚塊最主要的功能，其實是給人「墊高」用的。因為隨著有限的坑洞，「東西」越積越高，臭氣熏天自不在話下，更且那「東西」離我們屁股越來越近，要上大號的感覺，

可真是驚心動魄啊！我們小孩子腿短，若不靠著磚塊，是不可能在坑上解放的。

那時大家都窮，只有久久一次，才會聘人來清理茅坑，將裡頭的「東西」拿去當堆肥。印象中，大約二個月會處理一次吧！大部分的時間，我們就只能把磚塊越堆越高，都高到上廁所像在踩高蹺了。至於晚上，那就盡量能不去方便就不去方便，因為實在太不方便了！

那時沒水沒電，夜裡上茅坑是要點蠟燭的，如果碰到雨天，還要摸黑護著燭火，走進臭不可聞的茅坑後，先點亮「坑口」，找到磚塊踏腳位置，再找地方放燭火，小心翼翼地踩踏上去。經常頭上還滴著小雨，夏天全身因為緊繃而出一身汗，那感覺就像是在做臭氣三溫暖，這種「小雨中的回憶」，現在想來還真讓人充滿苦笑呢！從茅坑就可以看到我們那年代，「島民」們生活多麼艱苦啊！

那時候，我們家雖不種田，但生活倒是挺「田園」的，每天早上吃完爸爸親自做的早餐後，我和姊姊、妹妹、弟弟就一起出門。想想那畫面，晨露中，四個可愛的小朋友，走在空氣清新的田野上，拍成廣告多美啊……但其實我們可是走得很辛苦。田埂本來就不是路，特別是下雨天，田

埂更成爲一整條的泥土塊，邊走腳還會陷進泥巴裡。我們到校後都要再洗腳，才有辦法進教室。

下課後，我們不會在校逗留，我和姊姊一起回家。一方面迫不及待想要和島上的孩子玩遊戲，一方面從小被爸爸教育薰陶的我們，也知道身爲家中的一分子，是要有責任的。我們年紀雖小，也要爲這家盡一份心力。

自然而然，我和姊姊不需要大人督促，就懂得分工合作，回到家先去樹林裡砍柴，撿拾柴薪放入灶裡，並且用辛苦挑來的水洗米，做好開飯前打理，也協助清掃家中周邊環境。那時弟弟妹妹也還小，我們也會照顧著他們，做點簡單的家事。大約五點多，爸爸從松山機場下班回來後，他會帶回晚餐用的蔬菜，然後爸爸和我們一起做頓溫馨的晚餐。

在爸爸還沒回家前，我們四個小朋友，雖然吵吵鬧鬧在所難免，但總是充滿歡笑。因爲家窮，沒有太多的好的物質生活，反倒讓我們更珍惜身邊已有的一切，我們很高興有個溫暖的房子可以爲我們遮風蔽雨，我們很高興周遭都是田野，還有鄰居的孩子們也都可以玩在一起。在我記憶裡，我們四個孩子，總是那麼地開心快樂，每次想起

從前，我的嘴角也不禁漾起微笑。

遙想那個居住田中之島的年代。

冬日裡，天色比較早變暗，每當熱騰騰的菜端上桌時，外頭已經一片黑暗，我們家小小的電燈泡也已經亮起，此時外頭田園響起不同季節的蟲鳴，一家人健康快樂地圍坐在簡單的木桌，晚餐很簡單，大家的心情卻很興奮。爸爸話不多，他會交代大姊準備筷子，要我準備碗盤，可愛的弟弟妹妹則睜大著眼睛，看著前面香噴噴爸爸親手煮的飯。

直到三十年過去，到現在每當我和家人吃飯，都不免想起當年闔家圍坐在一起的飯香。那絕對不是甚麼山珍海味，現在想來，也不過就是最簡單的炒青菜，豆腐乳。時常，我們也只是吃番薯稀飯。但那是我這一生最難忘的美味，往後幾十年日子，不論是去甚麼大餐廳，沒有任何一家餐飲美食，可以和濱江街老家的「爸爸餐」相比擬。

那是我們這一生永難忘懷的快樂晚餐。

第四章　我依然愛妳，媽媽

我們小時候最害怕的風暴，不是來自大自然，
而是我母親那情緒多變的精神風暴，
當空氣感覺不對，我們屏氣凝神、皮繃緊，準備面對暴風雨
但多數時候，母愛還是溫潤我們。

　　媽媽不常出現在我們的故事裡，因為她的確也大部分時候在我的家缺席。曾經她也是教養我們四個人的另一個支柱，雖然比起爸爸這個安穩的棟梁，媽媽像是個搖搖欲墜的危牆。但在成長的記憶裡，她當然也扮演一定的角色。我對媽媽的三大印象：

　　第一，她很漂亮。其實看我大姊就知道，我姊姊身高 168 公分，從她學生歲月到進入軍中服務，追求的人不斷，就是遺傳媽媽的美麗；

　　第二，她非常能幹。我的媽媽不是傳統居家型的女子，我想若她出生在現代，應該會變成一個女強人吧！可惜她身在民國三四零年代，她的精明幹練卻無用武之地。

　　第三，她比較情緒化。當我長大後，每當看到有人形容「翻臉跟翻書一樣」，在我腦海中第一個浮現的印象，就是媽媽。

　　我想我的父母，雖然當年是經人介紹認識，但想像

中，當年他們相看的第一眼，應該也是深深被對方的某種特質吸引。他們是如此的不同，像是兩種完全相反的物種，爸爸安靜沉穩，就像個人人可以信賴靠岸停泊的港灣，媽媽則是那來去漂泊不定的戰艦，她總想迎接廣闊海洋的挑戰，並且在風浪中，她也學習海洋那善變的個性。曾經，這艘戰艦，被爸爸那港灣般的安全感吸引，她拒絕眾多追求者，獨鍾於我那內斂溫和的父親，十幾歲的年齡差距不是阻礙，芋仔配番薯的對比也不造成困擾。

直到今天我仍深深相信，爸爸媽媽是因為愛而結合，否則也不會誕生出我們這樣和諧融洽的四姊弟，我們一定是愛的產物。即便在我們成長的半途，媽媽終於離開我們，但終她一生，我們並沒有和她斷了聯繫。

提起媽媽的教養方式，不免要和時代背景相結合。在從前時代的孩子，家長的管教本就是以打罵教育為主。相較之下，爸爸當年那種愛的教育，是非常彌足珍貴的，至於媽媽對我們的教養方式，無寧說是和那年代許多家庭的教養方式是比較相像的。

回憶小時候，媽媽帶給我們的感覺，就像是暴風雨。平心而論，如同在大自然裡，暴風雨不是天天有，只不過

每當一有暴風雨，令人印象會特別深刻，這也是我們對媽媽的感覺。較小時候，我和姊姊還是國小孩童，那時住在高雄岡山眷村，我們年幼貪玩，每當犯了錯，接著內心就響起一個聲音，完蛋了，等一下準備要吃竹筍炒肉絲了。媽媽教訓孩子的方式，是比較可以讓我們有「切膚之痛」的，但不可否認地，有時候當孩子太皮的時候，打罵也可以形成一種嚇阻作用。

這讓我想起，伊索寓言裡「北風與太陽」的故事，北風與太陽為了要展現自己的強大，舉行了一場比試，誰能夠讓旅人脫下大衣，就是勝利者。於是北風使勁的吹，旅人在強風吹襲下，雖然行步艱難，但他把大衣拉得更緊，最後北風放棄了，換太陽登場。於是太陽散發出他的熱力，帶給這世界溫暖，旅人走著走著感到熱了，自然就把大衣脫掉了。

北風的力量，想要透過外力強迫旅人脫衣；太陽則選擇用溫暖，讓旅人「自動自發」把大衣脫掉。我想，媽媽的教養方式，就是比較偏向北風的方式，爸爸的方式當然就是太陽。

以結果論來說，爸爸的教養方式，從我們的「內心」

著手，最後不但糾正我們錯誤的行為，也在我們內心裡建立了長遠的正確觀念。但媽媽當年也一定是愛我們這四個孩子的，雖然選擇以北風的方式，比較吃力不討好，但終究母子連心，我們都還是知曉，她是愛我們的。時移事往，媽媽雖然離開這個家，但從來沒有完全離開我們，四個孩子，仍持續有去看望她。晚年她因病長期躺臥醫院，身為兒女的我們依然陪伴著她走到最後。

提起媽媽，她雖然時常扮演北風的角色，但許多時候她也可以是太陽的。

記得在我二十歲那年，剛考到機車駕照的我，為了想買一部代步工具，開始拼命打工。在那個年代，擁有一部神氣的「追風」機車幾乎是所有男生的夢想，雖然我也曾偷偷幻想過騎上「追風」的英姿，但是每台二至三萬的高昂價格，讓我的「追風夢」只敢放在心底深處。

偶然間得知我打工動機的母親，事先沒有透漏任何蛛絲馬跡，就在我生日那天，回家後，突然看見家中停了一輛我夢寐以求的追風，這讓我當天興奮到不行。除了因為得到這麼夢幻的大禮，也因為知道這是來自母親的贈禮，讓我深深感到這禮物特別的意義。父親得知後，並沒有一

絲不快或是反對，反而對猶豫是否收下昂貴禮物的我說：

「這是你媽媽的一番心意，你就收下吧！記得要好好謝謝媽媽。」

雖然爸媽當初因為個性不合及價值觀不一致而離婚，然而父親並沒有因為失婚的緣故而對這段婚姻抱持負面態度，或對母親做惡意的批評，言談間和我們兄弟姊妹提及和母親的這段婚姻時，也會以大方成熟的心態看待，語氣中沒有絲毫抱怨。

之後母親的身體健康出了一些狀況，父親不但會提醒我們要主動和母親聯繫，表達對她的關心，有時也會和我們一同前往醫院探望。父親面對「離婚」的健康心態和處理方式，無形中影響了我們對婚姻關係的看法，也建立了我們在家庭關係中對於各自角色與責任的定位。

婚變最初階段所帶來的衝擊，無論對大人或小孩來說都是一段難捱的風暴期。協談輔導的經驗中，有時我會遺憾的看到許多單親父母，由於親子間缺乏討論和溝通，因而在教養子女的過程中發生責任過重的現象，往往導致家長身心俱疲，子女也因為無法設身處地體會父親或母親的心境，造成雙方的代溝與摩擦。此外，有些家長在孩子

表現不如自己的期盼時，會忍不住對孩子說：

「我為你們犧牲一切，你們竟然……」這樣的話語只會把孩子推入另一波更痛苦的漩渦，更是身為單親家長的禁忌！

其實面對家庭結構的驟然改變，對子女的心靈或性格勢必會造成些許的衝擊和影響，然而負責監護的家長若能以健康的態度和方式教養子女，同樣可以教導出正面、樂觀、開朗和懂事的孩子。甚至孩子可能因為處於單親的環境，較能深刻體會父親或母親為自己所投注的心血，因而學會感恩和珍惜，比同齡的孩子更加成熟、獨立與上進。

第五章　用關愛，栽下一棵幸福的種子

兒時的濱江街時代，
我們家還有一個成員，我們叫他小姑姑，
這個淑月姑姑，是爸爸認識的乾妹妹，
也是陪伴我們孩子成長的家中一份子。
從她的故事中，也可以看見爸爸對人的關懷與愛。

　　每當逢年過節或是爸爸的生日時，姑姑總會和姑丈帶著全家大小一起前來看望爸爸。

　　「淑月姑姑」，我們都是這麼叫她的。其實她和我們並沒有任何血緣關係，然而我們都把她當成一家人，她和爸爸之間的關係尤其親近。

　　第一次見到淑月姑姑時，當年她才十六歲。那時候我們全家剛搬到台北，年紀都還很小。記得她來到家裡的第一天，爸爸把我們四個小孩叫到跟前，拉著她的手對我們殷殷叮囑著：

　　「以後這位小姑姑會住在我們家，和我們一起吃飯、一起玩，大家要把她當成家人，好好照顧她，知道嗎？」

　　我們帶著好奇的眼光，看著這位新來的「小姑姑」，乖乖的點點頭。後來才知道，這個小姑姑原本是在媽媽服務的公司裡擔任工讀生，對人親切和善，工作十分認真。相處一段時間漸漸熟稔後，閒聊間得知她的老家在花蓮，

父母原本以務農爲生，然而母親因病讓家庭頓失重心，於是兄弟姊妹各自出外發展，她也跟著兄姐一起來到台北謀生，過著半工半讀的辛苦生活。

知道她的境遇後，媽媽感到十分不捨，於是和爸爸商量後，邀請她暫時來我們家住，和我們一起生活。儘管當時家中的經濟十分拮据，生活也有極大的壓力，然而爸爸聽完她的故事後說：

「歡迎她來住啊！家裡雖不寬裕，但吃飯只是多一雙碗筷，能幫助一個孩子完成她的學業，不是很棒嗎？」

就這樣，在淑月姑姑高職畢業之前，和我們相處了整整三年的時光。她曾主動提出要分擔家裡部分的開銷，然而爸爸只是拍拍她的手，慈祥地說：「把錢留下吧！我們沒關係，妳生活上會比較需要這筆錢的！」

這就是爸爸，即使我們的生活再辛苦，仍不吝於對需要幫助的人伸出援手。

爸爸帶給淑月姑姑的，不只是一個安頓的家，更給予她重要的愛和關懷。當時就讀商職夜間部的她，下課時往往已經是深夜了，由於我們家距離公車站牌還有一小段路，這段路剛好又沒有路燈，這對一個女孩子來說十分危

險。如果遇到下雨天，爸爸更是擔心她的安危，於是經常拾著雨傘，走了長長一段路，到公車站牌下等她。

待淑月姑姑一下車，就會看見爸爸佇立在站牌的身影，以及一聲親切的關心問候：

「餓不餓？累不累？來，我們回家吧！」

那條結伴回家的路，從此成為姑姑記憶中最難忘的風景。即使多年後回想起這段情景，淑月姑姑的眼眶還是會在不知不覺間，變得濕潤一片。

淑月姑姑高職畢業後，順利地找到了工作，也搬離了我們家，然而爸爸對她的關心並未因此而間斷，直到她工作、交友、戀愛結婚，都一直保持密切的聯絡。淑月姑姑結婚後和姑丈開了一間公司，並在爸爸第二次退休後，以極為豐厚的薪資邀請他前去幫忙。後來爸爸答應前往幫忙，卻推辭了豐厚的薪資，只說：

「我們都是家人，怎麼能收錢呢？你們有這份心就好了！」現在姑姑除了經常打電話關心爸爸外，重要的年節生日都會前來探望父親。幾年前甚至不畏路途遙遠，特地抽空陪爸爸回江西老家掃墓、祭祖，讓我們十分感動。對當時年僅十六歲的淑月姑姑而言，遇見爸爸成了她人生

中重要的關鍵點，住在我們家的那三年，讓她在年少徬徨的歲月中有了安穩依靠的港灣。多年後已經成長茁壯到有足夠能力的她，如今也願意伴隨在父親身旁，成為可以分享爸爸喜怒哀樂的另一位家人。

爸爸在他這一生中，用他的身教，帶給我們很大的影響，從淑月姑姑的例子，我們幾個孩子都可以學到受益一生的功課。生活中如果看到有需要的人，即使我們能力有限，仍願意適時伸出援手，即使不是物質方面的協助，一句關心的問候或是一個同理的回應，相信都可以帶給他人極大的內心慰藉。

當每一個人都能用愛和關懷，去幫助需要幫助的人，陪他們走一段路，相信這些在當時播下的愛心種子，在那人一生中最重要的關鍵時刻，必會帶給他向上的動力和面對逆境的勇氣。在我心中，爸爸是充滿愛和關懷的人。總在他人有需要時，將自己有限的資源無私地幫助別人或與人分享。

他在松山機場任職主管期間，部門有一位同事因為家裡遇到緊急狀況，經濟陷入了極大的困難，連孩子的學費都湊不出來。正焦慮得不知如何是好時，爸爸偶然間得

知這個消息，於是悄悄把對方拉到一旁，然後塞給他一個裝著錢的信封，拍拍他的肩膀溫和地說：

「這些錢你先拿去用，雖然錢不多，但希望多少可以幫上一點忙，若還是有困難，我再想想看有甚麼其它辦法。」

當時那位同事嚇了一跳，連忙推拒爸爸的好意：

「不行啊！我知道您一個人帶著四個孩子，生活也很辛苦啊，我怎麼能拿您的錢呢？」但爸爸只說：

「你都已經過不下去了，這些錢先拿去，至少先度過這一關！不要想太多！為了孩子，你一定要加油！」

這些事件深深影響了我的人生價值觀，當看到爸爸這樣令人敬佩的人格，於是從小我就告訴自己：

「以後，我也希望能成為像爸爸一樣的人！」

後來我踏入教育訓練的領域，選擇成為一個講師，除了這是自身熱愛的工作外，另一個初衷則是希望能盡力將自身所學的專業用來幫助他人。這也是爸爸當年播下的愛心種子，在我的生命中產生的影響。

第三篇
永恆的羽翼

爸爸的愛一直陪伴著我們

在現今多為雙薪家庭的結構下，這一代父母的壓力和挑戰與日俱增，我們若能明白什麼是孩子真正需要的，什麼又是對孩子真正有幫助的，或許就能在工作和家庭之間找出一個平衡點。或許暫時無法轉換工作，然而至少要做到回到家的當下，就能全心地陪伴孩子，多一些傾聽、多一些關懷，都有助於建立健康的親子關係。

我們能陪伴孩子的時光，只有極短的一小段路。那個剛出生時有著渾圓的屁股、幼嫩的小手的孩子，很快地，他將會學習爬行、學會走路，光著腳丫在草地上奔跑；再大一點，他就不再是那個成天拉著母親裙角、圍著父親打轉，纏著要你陪他說說話，或是興奮地要你陪他一起玩耍的孩子。

不要錯過孩子成長的任何階段：第一次開口叫爸爸媽媽、第一次走路、第一天上學、第一次有了喜歡的人、第一次打工……你的孩子，將從女孩變成女人、從男孩變成男人，終有一天，他會掙脫你的懷抱，走向自己的世界。

這些和孩子相伴的溫馨與幸福，以及充滿愛和回憶的美好時刻，是職場上任何的功成名就也得不到的。讓我們耐心地陪伴孩子，一步步慢慢地長大，珍惜他們每一個化蛹成蝶的時刻，好好享受當父母的喜悅和幸福。

第一章　爸爸，你真的辛苦了

家中有四張嗷嗷待哺的口，
這是每天都不能卸下的愛的重擔，
爸爸很想要給我們一個溫暖的家，
但許多時候，人與人間的愛，也是另一種重擔。

　　我們家四姐弟，長大後各自投入不同的行業、有著不同的發展。而我自己，因緣際會踏入輔導培訓的領域，或許因為從小的成長經歷，當我一邊輔導我的每個個案，越能體會每個人的無助與辛苦。

　　許多事情，就像我喜歡看的印象派畫作般，當近距離看，只是一團水彩顏料，只有遠遠觀賞，才會發現光影的美麗。我想，許多的人生經歷，也只有當心靈成長到一種程度，彼時驀然回首，才體悟到所有曾經歷過的苦痛，都有不凡的意義。

　　在我們成長記憶中，爸爸總是很辛苦，但那樣的苦，我人到中年，才有更多的體悟。原來我爸爸當年承受的是雙重的壓力，一方面是經濟上教養四個孩子的物質重擔，一方面是當媽媽無法扮演好家庭另一根支柱，爸爸內心深深的苦痛。

　　於是我們經常看到的爸爸，是沉靜的，是溫和的，

但我們不能看到爸爸內心沉重的壓力。

生活，一直是不容易的，經濟問題是其一，教養問題是其二。爸爸知道他必須工作，無法時時陪伴著我們，他選擇的教養方式，正是典型愛的教育。他從不打罵我們，也較少言語的說教，取而代之的是以身作則，教導我們什麼是責任、什麼是關愛、什麼是一家人的和樂融融、什麼又是做人處事的基本態度。

爸爸沒有高學歷，但他的教育落實在我們四個孩子身上，是成功的。四個孩子，不但都能成熟健康長大成人，並且個個有著正面的個性，樂於助人，雖然不是社會上的大人物，但在各自的領域上，都能發揮專業，在不同領域對社會做出正面的貢獻。

在四個孩子教育期間，爸爸一直為經濟所苦。媽媽尚未離開這個家前，曾引入家庭代工，我和姊姊當時也都參予了這樣的家庭小小事業。印象中，最早引進來的是電子零配件組裝代工，那時候台灣開始以電子王國聞名於世，許多家庭成為了小小工廠。記得當時，隨著濱江街附近住戶開始變多了，終於電力公司的配電作業也關注到我們這一區，於是我們家開始有了電。也因此我們可以從事電子

焊接這項家庭代工。印象中家裡當時有一個錫槽，透過插電加熱，錫會融化變成錫漿，我們就負責把電子零組件那些細細的腳插入錫漿，拔出來乾掉後就變成絕緣體。

後來媽媽雖然離開，但家庭代工還是繼續著，媽媽的妹妹，我們稱之為阿姨，宋麗華女士，繼續陪伴我們從事家庭代工。日後還引進不同電子工廠的業務，也曾引進絨毛娃娃，做填充棉花的工作。印象中，直到我念中學時，家中持續做著這些代工。

國中時代的我就讀民生國中，學校比較遠了，不得不坐公車。搭公車雖說只要零錢，但對我們孩子來說，這也是一筆支出。我和姊姊都是很懂事的孩子，中學時代就開始在不同地方打工，我們曾經去啤酒屋打工、也去過電子工廠做事，爸爸總是關心我們打工環境是否安全。對爸爸來說，他心中也有著深深的無奈，內心裡，他多麼希望孩子可以專心讀書，不要下課後還去工作，但擺在現實的經濟問題，更讓他心力交瘁。也許，讓孩子早點磨練些社會經驗，也是種人生課題，於是爸爸還是扮演著他一直以來扮演的角色，他像是個永遠在背後的安定力量，默默守護著我們。

在打工之餘，我們從不忽略學業，原因無他，爸爸雖不嚴厲，但他總是守候在那邊，我們在爸爸的陪伴下，自然而然懂得自己作為學生的一個責任，也就是要把書念好。以我自己來說，在我求學時代，雖然家中環境不好，早些年念書時還須點蠟燭才能看書，但我學業成績總保持在前十名以內。

　　可惜或許是考運不佳，或許還不夠努力，總之沒能考上理想的公立學校，只能去私立學校念書，這也代表著，爸爸的經濟負擔更重了。乃至於即便已經接近六十高齡，當他後來因為官場倫理退離軍職後，仍須尋覓工作，以負擔家計。

　　爸爸他曾經頂了一個售票亭，「創業」當個賣票賣菸的老闆；也曾經擔任保全人員，頂著白髮蒼蒼，守護社區的門戶。後來有幸受聘去中華醫院任職，一開始也是擔任最低階的工友，直到後來才晉升為人事主任。六十多歲的他，還需如此操勞，許多同他一般年紀的老人早已在家享清福，爸爸卻仍每日早出晚歸工作，為的是他的四個孩子，都還在念書，並且還正是花費最多的年紀。

　　我和姊姊當時都還在念專科學校，我們都積極尋找打

工機會，但那時工讀生時薪並不多，我們打工賺來的錢，除了補貼家用，甚少有餘錢可以作為自己的生活花費。我們的學雜費其實都還是靠爸爸辛苦的工作所得來支應。直到後來我們姊弟四人陸續畢業進入社會，爸爸也已年過六十五歲，真的該休息了。才算真的退休。

　　對不起，老爸，讓你辛苦這麼多年。到今天我們也不能回報你甚麼，僅以這篇小小的文章，記錄這段受你教養的歲月。

第二章 從不缺席的父愛

爸爸不是萬能，他也需要上班，不能時時刻刻陪伴我們，
但我們卻仍能感受到他帶給我們滿滿的愛。
真正的父愛，不一定需要靠金錢與禮物堆積，
當孩子感受到愛，那種溫暖，將伴隨著孩子一生。

只要是和我們兄弟姊妹相關的事，在爸爸心中，永遠是他人生清單排列的第一順位。

當年他在松山機場剛升任主管時，一個月總會有一到兩天需要輪值夜班。爸爸不在家的晚上，總是由我和大姊張羅晚餐，督促弟妹寫功課，帶著他們上床睡覺，擔任協助爸爸照顧家庭的角色。

有一天半夜，因為睡前水喝多了，我在半夢半醒間掙扎想著是否要起床上廁所，正在天人交戰的時候，突然聽見輕微的腳步聲，以及大門被打開的聲響。可是，當晚爸爸應該正在值夜班啊！當時嚇得我全身的寒毛都豎了起來，決定躺在床上繼續裝睡，同時全身僵直地等待著。

房門終於「咿—呀—」的被推開了，透過微睜的眼角餘光，我竟看到了我的爸爸！

當時我們兄弟姊妹共用一個房間，分別睡在上下舖。只見爸爸先是幫下舖的四弟拉上被踢掉的被子，替睡在上

舖的大妹撥開額前幾撮散亂的髮絲，接著轉身探看大姊是否睡得安穩。當我眼角餘光瞄到爸爸緩緩湊近時，趕緊緊閉雙眼，努力裝出勻稱的呼吸聲，讓胸部緩緩的起伏著。

雖然雙眼緊閉，但我仍能感受到父親輕手輕腳拉起棉被的一角，溫柔為我緩緩蓋上。接著又聽見移轉腳步，以及輕聲關上房門的聲響。當爸爸悄然離開後，黑暗中我睜開雙眼，只覺得心頭暖暖的，有種莫名的感動。

隔天跟爸爸問起此事，原來他擔心只有四個小孩在家，心中總是記掛著。而我們家剛好就在機場旁邊，因此利用出來查勤的時間回家看望一下，再匆忙趕回去值班。

隨著年紀漸長，那一個拉被單的身影，也成了後來記憶中，最難磨滅的影像。有時在半夜似醒非睡的時刻，朦朧中總彷彿回到了那一夜，聽著爸爸小心翼翼的腳步聲，感受著被角被拉上的溫暖，而我仍如同孩提時的自己，閉著眼掛著大大的微笑，享受那一刻寧靜溫馨的幸福。

在這個世代中，經常可以看見新聞上或生活周遭出現這樣的景況：孩子不願意陪伴父母，成家後對他們不聞不問，更遑論照顧父母了，有時甚至會發生惡言相向、以情緒或行為勒索的狀況，讓父母傷心欲絕，既無力又心痛。

這種情形的發生，其中的原因當然很多，或許是家長錯用方式和子女溝通和相處，也或者是父母從小並沒有給孩子真實的陪伴，才導致親子失衡的關係。

其實父母的參與，在孩子的成長過程中扮演了極為重要的角色，父母親除了提供孩子基本的物質生活滿足外，更重要的是提供孩子情緒上的慰藉。

從小，無論是人生第一次的開學典禮，或是每年學校的親師座談等活動，爸爸都會盡可能地參加，若是真的有事無法抽身，也會由大姊代替父職，出席我們的各項活動，讓我們無論何時，總能感受到家人的關心和陪伴。

記得直到我當兵入伍，爸爸每周仍會抽空到林口去探望我。剛入伍成為憲兵的那段時間，對於嚴謹的軍紀，以及辛苦的操課不太能適應，每晚面對著冰冷的房間牆壁，對於家人的思念更是與日俱增。第一次懇親的前一晚，自己甚至興奮得整晚無法入眠。

隔天在會客室裡，爸爸、大姊、大妹、四弟全都來了，看到家人的瞬間，情緒激動得很想上前擁抱他們，只見爸爸的面容依舊慈祥，他看著剃著光頭、曬得黝黑的我，因為生活不適應而削瘦的臉龐，擔心地詢問著我的近況，為

了不讓他擔心，我緊緊抓著他的手，口中不斷的說著：

「我很好，放心！放心！」

接著大姊、大妹、四弟開始嘰嘰喳喳地說著家裡最近發生的趣事，整間會客室充滿了我們歡快的笑聲，彷彿又回到在家裡團聚笑鬧的時光。結束懇親後，我拎著一袋父親帶來的水果和點心回到房間，雖然房間依舊冰冷，但家人的溫暖，卻給了我極大的勇氣和支持。

如今回想起來，人生中許多的重要時刻，父親的身影始終在一旁，他深厚的父愛，從未在子女的生命中缺席。

就如那天晚上，我看到爸爸展現父愛，為我們每個孩子蓋上棉被，當年的溫暖，到今天都沒有散去。

第三章　大姊與爸爸

大姊是我這輩子最敬愛的人之一，
和爸爸都是我成長時期不可或缺的心靈支柱。
大姊富正義感，爸爸是溫和的巨人，
我很幸福有這樣的家人。

在我成長的階段，爸爸是那永遠照亮這個家的太陽。但在單親家庭成長的我們，是否少了一個月亮呢？其實並不會，因為我們有一個小小的管家，那就是令人既愛又敬的大姊。

「長姊如母」這句話，套用在大姊身上一點也不為過。身為家中的老大，她主動分擔了家中的大小事務，包括煮飯、洗衣、料理家事，以及用心照顧我們幾個弟妹。

大姊的性格比較直接、急快，或許由於家中經濟的克難，讓她很早就懂得協助爸爸掌理這個家。從小就經常聽見她頗具氣勢的發號施令：「老四，你去買鹽！老二，快去挑水！老三……唉！妳又在吃東西……」（哈哈，這就是我妹！）

此外，大姊為人也極富正義感。曾經有一次，大姊發現我們在學校裡被同學欺負，她氣得跑到學校找人，要幫我們討回公道。

對於要承擔較多的責任，她從來沒有抱怨過，反而豁達地笑著回答：

「唉！你們都是我『甜蜜的負擔』，誰叫我是你們的姊姊呢？」這就是大姊，在家裡始終扮演照顧者的角色。

所以當她在很年輕時就選擇走入婚姻，全家人一知道她的決定，一方面為大姊找到自己的幸福感到高興，一方面卻也因為多少有些小小惆悵，啊！那個總是發號施令照顧我們的大姊，真的要離開這個家了。

記得當時爸爸只是握著她的手，說：

「女兒呀！爸爸只能陪妳走過上半輩子，下半輩子的人生，要記得，是妳自己的選擇。」

四個兄弟姊妹中，我、大妹和四弟對於事業，都有較強烈的企圖心，只有大姊在求學階段時，就決定畢業後要尋求一份安穩的工作，過穩定的生活。當爸爸得知大姊的生涯規劃後，並沒有失望或反對，只是問她：

「女兒啊！這真的是妳想要過的生活嗎？如果妳想清楚了，爸爸當然會支持妳，只要妳幸福快樂！」

確定大姊的心意後，爸爸就不再多說什麼。後來大姊考取了松山機場的專員，也踏入了婚姻生活。婚後仍然不

時關心我的近況，回老家時，也總會帶好吃的東西給爸爸和弟妹分享。而在我初入社會，創業過程不順，乃至於負債累累，經濟狀況慘澹的時候，大姊也幫了我很多的忙，不只在經濟上，她經常對我伸出援手，當我心情低落，對人生感到茫然時，她的貼心安慰，也舒緩了我當時事業不順的焦慮。

時常我覺得我很幸運，上天賜給我們家一個這麼好的爸爸，仍擔心這樣不足夠，又賜給我們一個這麼好的大姊。無論是從前在家，或者之後出嫁，她永遠是我們心中那個負責任、無悔付出，代替母親照顧我們的大姊。

現今許多父母對孩子都有高度的期許，總希望他們在事業上能有一番作為，甚至能夠功成名就，但往往這樣高度期待變成一種長期的偏見，導致孩子即使有自己的志趣，父母也會刻意忽略，而要求孩子按照父母的期待發展。然而爸爸當年尊重大姊決定的行為，正是他對我們愛的體現—不是要我們成龍成鳳、飛黃騰達，只要子女都能幸福健康，就是爸爸最大的願望。

關於大姊的工作，還有一個和爸爸有關的故事。從這個故事，可以更加了解爸爸為人是如何的正直。記得爸

爸經常對我們說：

「孩子啊！爸爸不要求你們一定要賺大錢、做大事業，只要你們正正當當作人，不做犯法的事，爸爸就不愧對社會了！」

當年父親在松山機場任職人事主管期間，執掌所有的人事調動及升遷，無論是空姐或是地勤人員的調度，都需要經過父親的簽核來決定，他的職位雖然不高，責任卻相當重大。也因此，小時候經常會看到有一些人帶著禮盒來家裡拜訪，從水果、餅乾到洋菸、名酒等各種名貴的禮盒都有，甚至還有人把錢偷偷藏在餅乾桶內，送到家裡來。

那時我們經常躲在一旁偷看爸爸在門口和別人互相推拒著，想到禮盒裡的水果或餅乾，我們四個都暗自高興，於是邊吞嚥著口水，內心邊喊著：

「收下來！收下來！收下來！」

不過那些禮盒最後終究沒有一次留下來讓我們大飽口福過，每次登門的客人都只能摸摸鼻子將禮盒帶走，父親一次也沒有收下。有時他甚至會嚴肅地告訴對方：

「只要是我可以幫忙的，我一定會盡量幫你！但是如果你下次再帶任何禮物來，我就沒有辦法幫你了。」

我們曾好奇地詢問爸爸爲什麼不收下那些禮盒呢？我永遠記得爸爸是這麼回答我們的：

「不是你的錢就不要拿！我們家雖然窮，但是要窮得有尊嚴、有骨氣，要對得起自己的良心，這是做人的基本原則啊！」當時年紀還小的我們，對於爸爸的這番話只覺得似懂非懂，還未能深刻體會其中的道理。然而隨著年紀漸長，漸漸咀嚼出這段話的滋味，更深感父親眞的很了不起。

這跟大姊有什麼關係呢？ 大姊後來服務的單位，就和爸爸是同一個單位。但她原本差點就進不去的，只因我們的爸爸眞的是太正直耿介了。原來大姊畢業後，決定到父親的單位去報考軍中聘雇員，在初試時高分過關，卻在複試時只獲得備取的名額。原本以爲沒希望錄取了，幸好後來有人沒有前來報到，大姊才有機會遞補進去。接獲消息的那一刻，大姊笑得很開心，當時爸爸拍拍她的肩，說：

「女兒啊！開始工作了，別忘了爸爸跟妳說過的，做什麼事都要認眞努力哦！」

大姊工作五年後，有一次遇到父親的老長官，閒聊之餘，老長官忽然嘆氣道：

「妳爸爸人就是太老實了，其實當年你的考試成績是在正取第三名，但妳爸爸爲了怕別人產生誤解，所以先讓別人錄取，把妳排到備取。幸好老天有眼，最後有人棄權妳才進來的！」大姊知道這件事的當晚，在餐桌上跟爸爸說：

「爸，我拜託你喔！正直也不能正直到這種地步啦！正直不就是更應該要內舉不避親嗎！」

只見父親尷尬一笑，低著頭默默繼續吃飯。如今每當回想起這些往事，總是不由得對父親正直誠信的品格，深深感到敬佩。

這就是帶給我們家溫暖的兩個親人，一個是像太陽般照養我們全家，同時性格光明磊落，甚至過於正直的爸爸；一個是像月亮般，成爲我們家另一個光源的大姊。

在我成長的歲月，從來沒有任何一刻有偏離正途的危險，因爲一個太陽加一個月亮，已經清楚照亮我的路。

第四章　大妹與爸爸

我們全家人都寵愛的妹妹，
率直可愛，讓人不得不疼愛。
如今雖遠在美國，但沒有忘記有關爸爸的點點滴滴，
總是在異國的睡夢裡，夢見爸爸，並打從內心發出幸福的微笑。

　　爸爸是個親切溫和但話不多的人，在與子女的互動中，和大多數的父母一樣，不會把「我愛你」三個字時時掛在嘴邊，然而他卻將他對子女的關愛，完全展現在日常生活中。

　　記得有一年的冬天特別冷，爸爸擔心怕冷的大妹著涼了，一天下班回家時，為大妹帶了一條漂亮的被毯，以柔和的淡紫色做為基調底色，上面並鋪滿了可愛的碎花圖案。

　　當時就讀國中的大妹，對紫色事物有著莫名的偏好，無論是髮夾、鉛筆、筆記本、文具等，都是一貫的紫色系，也因此當她一看到這條紫色的被毯時，難掩心中興奮之情，「哇！」的一聲，立刻撲上前去緊緊抱住那條毯子，嘴裡並且直嚷著：「好漂亮的紫色被毯，我好喜歡哦！」

　　看到大妹率直可愛的反應，我們全家都笑了，爸爸當然也被大妹逗得呵呵笑，看到寶貝女兒這麼開懷的笑容，心裡也跟著開心起來。

隨著大妹年紀漸長，她雖然已不再迷戀紫色事物，然而每當回想起這件往事，仍然為爸爸細心的觀察和舉動感到相當窩心。

　　日後我和大妹聊天，聊起了這些往事。大妹告訴我，她經常內心好奇著，爸爸真是神奇，一個平常工作已經勞累不堪，同時還要承擔照料子女全責的爸爸，卻仍能注意到小女兒的喜好和習慣，添購被毯時還特地留意挑她最喜歡的顏色，她告訴我，即便經過了這麼多年，她都已經嫁人，但每當回想起這件事，心裡就升起一股溫熱的暖流。

　　我記得聊起爸爸時，大妹那溫柔懷念的眼神，她說，在寒冷的夜晚，每當裹著爸爸專門為她挑選的被毯，就深深感受到父親那溫暖的愛。那條紫色被毯也就成為大妹最溫柔的記憶，柔柔地滑過她憨眠的床前，伴隨著她度過那一段青澀的國中時期。

　　大妹的個性活潑、熱情，國中時因為朋友的緣故而接觸信仰，間接影響了她考高中時選填志願的順序，以就讀教會學校做為優先考量。爸爸知道大妹的心願後，儘管私立高中的學費昂貴，他還是告訴大妹：

　　「只要妳願意讀，考上了爸爸就讓妳去讀！」

大妹上了高中後，由於學校距離我們家很遠，她每天都必須起個大早，趕搭五點半的公車。然而我們家離公車站牌又有很長一段距離，沿路都是稻田而且沒有路燈，爸爸不放心讓大妹一個人在公車站等，於是每天都特地早起，騎著車載大妹到公車站。大妹說，每次她坐在後座，聽著爸爸早晨例行的叮嚀：

　　「如果在學校覺得冷了，要記得多加衣服啊！」或是「下課了不要太晚回家，今天爸爸做妳愛吃的菜！」就著微亮的天色，靠在爸爸厚實的背上，雙手環抱著爸爸，心底總升起一股熱烘烘的溫馨暖意，她知道自己是被深深愛著的。

　　在寒冷的冬天裡，爸爸陪大妹等公車時，習慣會握著她的手，並且放進爸爸的大衣口袋裡。那一陣透過厚實掌心所傳來的暖意，著實溫熱了大妹的內心，也因此即使只是站在站牌下等公車，也成了極為幸福的事。

　　高中時大妹正式受洗成為基督徒，大學畢業後也在教會做一些簡單的服事。雖然這些工作屬於無給職，然而爸爸並未在這件事情上產生強烈的反對，只是對大妹的信仰有些遲疑，爸爸會問她：

「女兒啊！世界上真的有神嗎？看不到，也摸不到，哪來的神啊！」面對爸爸的疑惑，大妹並沒有急著辯護，反而甜甜一笑，撒嬌的回答：

「唉呀！爸爸，世界上當然有神啊！不然，我怎麼會有您這麼好的爸爸呢？」

之後大妹經常邀請教友到家裡玩，並介紹給爸爸認識，先讓他對大妹的生活圈感到放心。爸爸看到女兒因著這個信仰，個性上產生許多正面的改變，同時在大妹身上也發生了許多神蹟奇事，因而漸漸認同她的選擇。

爸爸一方面包容和接納子女喜歡做的事，一方面嘗試著理解我們的選擇，這些愛的表現，讓我們敢於表達自己的想法，並學會以溝通為前提，讓爸爸明白自己下決定的動機，因此一般家庭中常遇到的親子衝突情形，不曾在我們家發生過。

如今已經在美國長期定居的大妹，至今仍寶貝的收藏三個信封袋。從外表看起來，那些信封袋毫不起眼，這些紙袋邊角有嚴重的磨損，顏色已然泛黃，甚至褪色得有些發脆。上面沒有任何文字，只有「100」、「10」、「1」的阿拉伯數字寫在信封正面。

爲什麼珍惜這三個信封袋呢？日後在某次見面的機會裡，大妹帶著悠然神往的表情，輕輕地對我們說，這三個信封袋對她而言，象徵著爸爸的關愛。

　　原來當年，大妹爲了成就自己的夢想，十分渴望到美國發展，然而沒有任何存款的她，除了向神禱告尋求應證外，也積極嘗試各種方法，希望能實現自身的夢想。爸爸知道她的煩惱後，曾經慎重的問過她：

　　「可以告訴爸爸妳爲什麼想到美國發展嗎？妳要不要先想想看，妳的英文能力可以應付那邊的生活嗎？那邊有認識的朋友可以照顧妳嗎？」

　　大妹明白，爸爸的提問完全是出自對子女的憂心，擔心自己在沒有想清楚的情況下，反而受累吃苦。因此在感動之餘，也誠懇的告訴爸爸，自己未來的藍圖和逐步的計畫。原本十分擔憂的爸爸，在聽完大妹詳細的安排與回答後，知道她對於夢想有清楚的藍圖，也有了相當的決心，於是改變了立場，轉而全心支持她到美國發展。

　　當時爸爸已經退休，其實沒有寬裕的經濟能力可以支持女兒，然而深愛子女的爸爸，仍然給予她最大限度的經濟支持，鼓勵她完成自己的理想。

在大妹要出國的前一天晚上，正在清點最後的行李時，爸爸悄悄來到房間，遞給她三個空的信封袋，上面分別仔細的寫上「100」、「10」、「1」的字樣。爸爸說：

「女兒啊！明天妳就要離開家了，女孩子家在外面一切要小心！美國的錢和台灣不一樣，都長得很像，這三個信封妳要收好，只要一拿到錢，就把錢分別放到不同數字的信封裡，這樣就不會混淆了。」

爸爸話還沒說完，大妹已經濕了眼眶。其實當時的大妹早已成年，能夠自己打理生活，不需父親操心。然而在爸爸心中，仍然把她當成那個年幼的小女兒，如同擔心要出門郊遊的小學女兒般，在前一夜反覆地殷殷叮嚀囑咐著。平凡的三個信封袋，表達的是父親對女兒完滿的愛。

如今已嫁為人婦的大妹，小心翼翼將這三個泛黃的空信封，收藏在梳妝台的抽屜內。每次看到時，彷彿提醒著自己，父親永遠替子女著想的那一面。

在我們每個孩子的記憶裡，也都有著這樣的故事，以不同的形式收藏著。即使不一定仍每天陪在爸爸身旁，這些珍貴的收藏，也傳遞著爸爸無盡的關愛。

第五章　小弟與爸爸

再怎麼叛逆堅硬的心，在親情的真愛前，也一定會融化。
曾經是叛逆浪子，如今我的小弟已經是一家企業的總經理。
日理萬機的他，生活中已沒有甚麼物質上的缺乏，
但對他來說，比起物質上的寬裕，
他這一生最大的財富，還是來自爸爸的愛。

　　家中四個兄弟姊妹的個性都不同，其中最調皮也最讓父親擔心的，是最小的四弟，求學時期，他還曾經有一段「叛逆歲月」。

　　四弟讀五專的時候，有一陣子經常和朋友在外面蹓躂到半夜，有時甚至徹夜不歸，直到凌晨才躡手躡腳地打開家門，悄悄溜回床上睡覺。一段時間後，四弟發現父親從未責問過他晚歸的原因，從此更加放膽在外遊蕩，而父親還是沒有多說什麼，只是默默注意他的交友狀況。

　　有一次，他照樣玩到大半夜，卻在輕手輕腳推開家門的那一刻，當場愣在原地。四弟看見客廳亮著小小的一盞夜燈，父親正坐在椅子上等他，身上只披著一條薄薄的毯子。四弟儘管貪玩，卻也害怕惹父親生氣，於是懷著忐忑不安的心情走向父親，等待著接下來可能的質問或責罵。然而父親只是站起身，輕聲地對他說：

　　「老四啊！很晚了，趕快去睡吧！爸爸也要去睡

了。」說完就轉身回房，走了幾步又回過頭說道：「在外面自己要注意安全，以後不要這麼晚回來。爸爸不知道你去了哪裡，就算有特別的事要忙，也不能超過十二點回家，這樣會讓爸爸很擔心。」說完後爸爸就回房休息，過程中沒有一句大聲的喝斥，沒有一句責怪的言語，聲調裡只有濃濃的關愛和擔心。

四弟從此再也沒有晚歸過。

「被爸爸的舉動嚇到了，不忍心啊！」多年後他提起這件事，輕輕嘆了口氣：「不忍心看到老爸年紀這麼大了，第二天還要早起上班，卻在客廳裡亮著燈直到半夜，只爲了等自己回家……那時看到他那麼晚了還沒睡，而且看到我時也沒有對我說任何一句重話，讓我眞的覺得很愧疚！」

讓四弟回家的，不是長篇大道理，不是嚴格的管教，而是一盞父親爲四弟留的燈，照亮了四弟的內心，讓他在父親的愛中找到了回家的路。

談起爸爸，四弟他還有一籮筐的故事可講。某次我問四弟：

「你記不記得五專時，老爸買了一輛腳踏車給你？」

他拍著我的肩，笑著說：

「唉唷！哥！怎麼可能忘得了嘛，那次實在太令人意外，也讓我太佩服老爸了！」

那年他還在念國中，某次期中考前夕，爸爸為了激勵四弟奮發用功，答應他只要能考到班上前三名，就買一輛腳踏車送給他當禮物。那時我們還住在濱江街，由於地處偏僻的緣故，公車班次十分稀少，每天都要特別早起才能趕上上學時間，因此一輛代步的工具，對我們而言有非常大的吸引力。等到期中考的成績公布後，爸爸驚喜地發現，四弟果真考到全班前三名！心裡非常開心的爸爸，大力拍著四弟的肩膀說：

「老四啊！你真的很棒！爸爸一定會買一輛腳踏車給你！」此時只見四弟搔了搔頭，脹紅了臉，囁嚅地對爸爸說：

「爸，對不起！其……其實這次考試我是靠作弊才有這樣的成績，所以……不要買禮物給我啦！」

四弟坦然而誠實的告白，讓爸爸愣了一下，然而他並沒有生氣，只是溫柔的問他：

「老四，你怎麼會突然想告訴爸爸實話呢？」四弟

不好意思的回答：

「本來我是真的很想要腳踏車，可是看到您那麼高興，突然覺得自己很不應該，還是老實說出來，這樣比較心安啦！」爸爸沒有責怪四弟，只是點點頭，說：

「原來是這樣啊！」

第二天當我們各自放學回家時，發現一輛嶄新的腳踏車停放在門口。在我們驚訝的目光下，爸爸親自把腳踏車牽到四弟手裡，認真而嚴肅的說：

「老四，你記不記得小時候，我常常會說『華盛頓砍櫻桃樹』的故事給你們聽？比起成績好、考第一名，爸爸更希望你們做人要勇敢、要誠實！做錯事沒關係，只要你誠實，爸爸不會怪你！只是作弊還是不對，下次絕對不可以再犯了喔！」事後四弟告訴我們：

「因為做了不好的事，就算被爸爸知道也不會被打，所以我才敢講啊！」

回顧當年，四弟之所以能大方坦承自己的錯誤，其實和爸爸一貫的態度有關。從小爸爸就會在生活中灌輸我們許多做人的道理，若我們沒做到時，他會溫和的提醒：

「老二啊！爸爸之前是怎麼教你們的，怎麼忘了

呢？」當我們犯錯時，爸爸也不會大聲責罵，而是先同理傾聽我們的想法，再從中灌輸正確的道理。假若子女誠實說出事實經過時，家長可以先肯定孩子願意說出實話的態度，先別急著苛責或打罵，畢竟只有當孩子心裡不害怕時，他才肯告訴你實話，父母也才能做出有效的處理。

爸爸並非教育學者，或許無法說出深刻的教育理論，然而對於四個子女的教養方式，他自有一套屬於自己的哲學。而這次的震撼教育，也在我們心中留下了十分深刻的印象。

另一次經驗，也是和四弟有關。那天爸爸在上班時接到學校老師的電話，原因是四弟在學校和別人打架。掛掉電話後，爸爸立刻趕到學校帶四弟回家。回程路上，父子倆走在田間小路，爸爸沒有一臉慍色，只是輕輕的說：

「老四啊！為什麼要和同學打架？」

「爸！」四弟叫道：「他們一群人欺負弱小的同學，而且還拿東西砸人家，我不幫他，他會被打慘的！」接著四弟一五一十把當天同學如何被欺負，自己又為何挺身而出的前因後果告訴爸爸。爸爸瞭解原因後，沒有再責備他，只說：

「老四，爸爸覺得你這麼有正義感，會爲同學出頭很好，但是不管發生什麼事，都不能用『打架』解決，這樣不但無法幫到同學，可能還會讓你們受傷。」

接著爸爸伸出手，用力地摟緊四弟，繼續說：

「這次的事情爸爸不再追問，但是你一定要記住爸爸說過的話，這樣我才能放心在外面工作賺錢養你們啊！」

這就是父親的作法。選擇以傾聽的方式表達關心，同時會先看孩子好的一面，並予以誇獎，至於不好的一面則以擔心的口吻軟性表達，讓孩子感受到父親眞的在爲自己擔心，也會比較能接受建議。日後我自己在協談輔導的經驗中，發現許多父母經常皺著一張臉抱怨：

「唉！孩子不懂我的苦心！」其實教養的關鍵，並不在於複雜的教育理論或是繁瑣嚴格的家規，它的成功基礎來自於家長對子女最深厚的「愛」和「情」。然而許多父母雖然深愛孩子，卻錯用方法和態度，因而導致親子的代溝和疏離。

父母若能以同理心回應孩子，再從中切入自己的人生閱歷與經驗，給予他們指引，相信能讓子女感受到父母的愛和尊重。這需要刻意的練習，以及大量的耐心，然而

用愛陪伴孩子健康走過他們的青春歲月，慢慢伴隨他們成長，相信是為人父母的我們，能給予孩子的最珍貴禮物。

　　而當年最調皮、最讓爸爸擔心的老四，成年後在事業上創造了自己的成就，也擁有美滿和諧的幸福家庭，不需要再讓爸爸煩憂。這樣的轉變，我相信其中很重要的因素，是來自於爸爸溫柔的守護，無論發生什麼事，始終在一旁牽引著他，引導四弟走在正確的道路上。

　　最後再來說弟弟就業後的故事吧！

　　在求學階段，四弟向來是四個子女中，最調皮叛逆，也最令父親擔憂的一個。畢業那年，他對自己的興趣和專長仍不太確定，又沒有規劃長期的職涯目標，因此退伍後陸續換了好幾份工作，當過計程車司機，應徵過餐廳服務生，也曾做過搬運工人。

　　期間爸爸並沒有對他的任何一份工作有所批評，或是心急的催促他盡早立定志向。相反的，父親十分肯定他在每份工作中的認真投入，同時堅信只要給四弟一段時間，總會找到一份適合他的工作。

　　經過一段時間摸索，四弟漸漸找出自己的方向，並

全心往立定的目標衝刺。企管系畢業的他，雖然學校所學與建築毫無相關，但在他持續不斷的進修，以及用心學習相關專業的態度下，被建材貿易商委任到大陸負責相關市場的開拓，並承接了上海珠家角木橋、玉龍雪山收費站等著名的工程建設，這些工程不但獲得當地政府的肯定，其中的玉龍雪山收費站工程，更被雲南的媒體大幅報導。四弟並且也成為一個青年學習典範，曾受邀到海峽兩岸的諸多學校與青年學子做分享，包括上海復旦大學也曾邀請他去演講。

記得當有關四弟的報導刊出那天，四弟還特地從對岸寄了一份報紙給爸爸。爸爸收到之後，只見他將報紙緩緩攤平，戴上老花眼鏡細細閱讀著報導上的每一個字。這篇報導他看得很慢很慢，過了許久才將報紙重新對折，放入四弟寄來的信封袋內，輕輕地擱在房間的書桌上。

過程中爸爸雖然一句話也沒有說，然而從他臉上所顯現的微笑看來，我們知道他心中必定為四弟的成就感到欣慰和滿足。

幾年後，四弟為了能有更多時間陪伴在台灣的妻子和女兒，聽從父親的建議回到台灣，任職木業公司總經理

的他，儘管業務繁忙，每天仍會儘早回家吃晚餐，在事業和家庭之間取得了適當的平衡。

當年頑皮的男孩，誰也沒料到如今會闖出一條屬於自己的道路，這段轉變的歷程成為我們家庭聚會時經常聊及的話題。我們相信四弟靠著自己的努力和毅力，才能獲致這一些成就，然而如同四弟自己也這樣說的，爸爸在他摸索職涯過程中，所展現的包容和支持，才是真正讓他突破自我的關鍵因素。

第六章　同學眼中的陳伯伯

爸爸不會干涉孩子們交朋友，
但他會透過他的智慧，給我們適切的指引。
在同學面前我的爸爸是個神奇的美廚老爸，
他總讓我們大家賓主盡歡，
多年後回憶起來，還津津樂道呢！

爸爸不只是我們心中的好父親，同時也是同學眼中慈祥親切的「陳伯伯」。

平時話少的爸爸，從不排斥我們帶同學回家，相反地，他總是張開雙臂熱情地歡迎他們。爸爸總是笑呵呵地跟他們打招呼，把子女的朋友當成自己的孩子對待。因此求學時代，總是有許多同學喜歡來家裡玩耍，小小的房子裡經常擠滿了我們兄弟姊妹各自的同學，十分熱鬧。

其實我們經常帶同學來家裡吃飯，長期下來對家裡的開銷是一項不小的負擔。儘管如此，爸爸從來不會埋怨或阻止我們邀請朋友前來作客，不僅如此，他還會費盡心思做出好吃的東西來滿足我們。

有時家裡真的沒有足夠的飯菜能夠招待他們時，爸爸也會略帶歉意地跟大家說明：

「這幾天家裡沒什麼好東西可以招待大家，如果你們願意留下來一起吃晚餐，就跟著我們一起吃麵疙瘩吧！

伯父可以保證，麵疙瘩一定讓你們吃到飽！」

當時有些同學不知道什麼是麵疙瘩，於是當一碗碗熱呼呼的麵疙瘩端上桌時，大家反而轉著骨碌碌的眼睛看著碗裡的食物，充滿了好奇和期待。當爸爸一說出：

「開動了！」只見大夥兒顧不得燙口，每個人都迫不及待地用筷子撈起碗裡的麵疙瘩，唏哩呼嚕地大口吞下肚！餐桌上瞬間呼聲連連，大家都讚不絕口。

如果同學來訪時正好遇到我們在揉麵糰，爸爸也會邀請他們一起動手做大餅、包水餃，這些過程總是讓同學們覺得特別有趣，更有些人「一嚐鍾情」，有事沒事就往我家報到，美其名是討論功課，其實是希望能再次品嚐到爸爸煮的麵疙瘩。

由於爸爸曾坦言家中經濟有限，同學們也自然有了一種默契，往後來我家作客時，都會主動帶一些小點心或零嘴，以減輕爸爸的負擔。這一群「食客」經常在我們家聚會、玩牌，有時玩累了，就在地上隨意鋪上薄毯倒頭就睡。而爸爸也絲毫不介意，甚至會用慈祥的眼神，拿著被毯替他們輕柔地蓋上。有了這群好同學的來訪，以及爸爸和善待客的態度，為家裡增添了不少歡樂和熱鬧的氛圍。

長大後有一次回想起這些往事，忍不住好奇詢問父親，家裡的經濟環境不太好，怎麼還這麼歡迎我們帶朋友回家？雖然只是招待他們吃簡單的麵疙瘩或水餃，長時間下來也是一筆不小的開銷啊！只見爸爸笑笑地回答：

　　「開銷的確是不小，不過每次看到你們同學來我們家，人家笑笑鬧鬧都那麼高興，就覺得值得了。」他接著說：「老爸其實都有在偷偷觀察，每次他們來家裡，從聊天、吃飯的過程中，或是飯後會不會主動幫忙收拾餐桌，就可以看得出來每個同學的個性和品行，知道你們兄弟姊妹都跟什麼樣的同學當朋友，老爸我也比較放心啊！」

　　哇！原來還有這招啊！既協助孩子們建立人際關係，又能在一旁展現他的「相人術」！真是聰明啊！

　　父母的確可以藉由認識子女的同學，並從互動過程中真實發現孩子的交友對象，都是什麼樣性格和特質的人。藉由這種方式，不但能親自觀察讓自己放心，若過程中發現一些問題，也可以有技巧地運用適當的方法，引導孩子在人際關係上做出更好的選擇。

　　對於我們的同學，爸爸不只是親切招呼他們而已，也從來不曾給予任何批評。國中時有位同學來家裡玩，也

許是他的服裝總是不整齊，也許是他說話時經常抱怨或責怪別人，加上總是把「三字經」當做口頭禪，總之他在學校的人緣一直不太好。那天是我第一次帶他到家裡玩，爸爸對他跟對待其他同學一樣，也是親切地和他聊天，並拿出東西請他吃。不過等到他離開之後，爸爸悄悄把我拉到一旁，問我：

「兒子啊！那位同學家裡是做什麼的？感覺他好像跟其他同學不太一樣啊！」當我描述該位同學的家庭背景、平常的性格和在學校的人際關係後，爸爸並沒有說出任何難聽或情緒性的言語，也沒有嚴厲的斷然阻止我們繼續來往，只是點點頭，表情嚴肅地提醒我：

「兒子啊，爸爸常常告訴你們『近朱者赤，近墨者黑』，你要想一想，他的個性你喜歡嗎？他的說話方式會不會讓你不舒服？常常跟這樣的同學在一起，你會變成怎麼樣的人？」最後，爸爸語重心長的說了一段話：「兒子，交朋友是要有選擇的，爸爸剛剛問的幾個問題，你可以好好想一想。」

爸爸的一席話，沒有命令的意味，也沒有指責對方的語氣，反而讓我更能靜下心思考，漸漸和那位同學保持

適當的距離。

許多父母常常在子女面前直接否定或批評他們的朋友，以為這樣就能讓孩子疏遠對方，然而這種表達方式卻很可能造成親子間更大的摩擦。如果我們能以包容的心態接納孩子的生活圈，試著走進他們的世界，並且在沒有徹底清楚狀況前不隨意加以批評論斷，讓他們有充分的自主權，相信孩子會更願意主動分享他們生活的點點滴滴。

第七章　爸爸是我們的大朋友

小時候爸爸是我們的靠山，
給予我們生活一切的安心溫飽，
隨著我們漸漸長大，爸爸成為我們的大朋友，
是我們可以談心事的對象，也是我們的終身朋友。

因為爸爸的親和力，只要來過家裡的同學或朋友，都會把父親當成值得尊重、親近的好長輩，並且十分羨慕我們兄弟姊妹有這麼好的爸爸，其中更有許多朋友，後來一直跟父親保持著相當親密的關係。

我最要好的專科同學郭國欽，開學剛認識時，因為彼此身材十分相似，當年我身高只有 158 公分，他則和我在伯仲之間，我們倆於是上課都坐在同一排，也因此彼此很快就聊開混熟，成為極好的朋友。

那時我們總是一起上下課，後來他買了摩托車，還經常特地繞路騎到我家載我一起到學校。由於這個緣故，爸爸就常有機會跟郭國欽聊天，對他的印象很好，時常在我們面前對他讚譽有加。

爸爸退休後為了繼續養育我們四個子女，先是到大樓當管理員，不過因為大樓管理員經常需要輪值夜班，他總是很擔心家裡四個孩子的狀況。幾經考量後他終於決定

辭職，頂了一個專門販售公車票的售票亭維生。

售票亭在每天早上和傍晚上下班的時候生意最好，而爸爸一個人為了照顧售票亭的生意，也無法拉下鐵門抽身去用餐，我的好友郭國欽知道這種情況，也因為他知曉我下課後還需趕去打工，於是他義不容辭代替我去陪老爸，時常利用下課時間帶了飯盒來到票亭，和老爸一起吃飯聊天，就怕爸爸餓過頭。

那一盒盒熱騰騰的飯菜，是一種情誼的展現，也證明爸爸是如何的能夠與孩子的同學相處得那麼好，當我的同學把他當成自己的長輩一樣陪伴，我的爸爸想必心中也感受到窩心的溫暖。直到現在每當爸爸提及這段往事，臉上還是洋溢著感動的笑容。

爸爸當年把子女的朋友，當成是自家孩子一樣來照顧，那種無私與包容的愛，不但建立了一段難得的關係，也深深影響了我日後待人處事的態度。正因為父親和善的個性，加上不隨便批評孩子的交友情況，對子女的交友選擇也十分尊重，因此我們都樂於邀請同學或朋友回家，甚至當大姊和大妹有了交往對象時，也都會一五一十地跟爸爸描述彼此相處的細節，並適時帶她們的男朋友回家，從

來不曾隱瞞，也讓爸爸對子女的交友狀況完全感到放心。

講到有關對子女交友的放心，大妹曾和我聊起以下往事。

每一個家都有一個廚房，每一個廚房都有自己的故事。大妹就擁有一段屬於她和爸爸之間的廚房秘密時光。外型亮眼的大妹，由於個性活潑大方，加上說起話來口條極佳，讓她從國中開始，就成了許多男生的傾慕對象。

在那個青澀的年代，情書還是男孩子表達仰慕之情的主要方式，於是無論是託人轉交，或是親手送達，大妹時常會收到一封封文情並茂的情書。那些情書到了傍晚時分，就會被她一一攤開，然後站在廚房門口，搖頭晃腦地念給爸爸聽，偶爾也會針對那些男孩的文筆加上註解和評論。如果對方剛好也是她喜歡的男生，大妹就會蹲坐在門口，托著腮幫子，害羞地向爸爸傾訴屬於她的粉紫色心事。

於是就在嗶嗶剝剝的柴火聲、食材「唰！」的下鍋聲，以及鐵鏟與炒菜鍋「鏘！鏘！鏘！」碰撞的錯落節奏聲中，爸爸一邊炒菜，一邊聽著女兒低低切切的私語。

大妹對於情書的註解和評論，往往讓爸爸邊聽邊笑，爸爸也知道大妹的個性比較剛烈，於是偶爾會在油滋滋的

鐵鍋翻炒空檔勸她：

「女兒啊！妳要對寫情書的那些男孩子好一點哦！」

而對於大妹的心事表白，爸爸忙碌的身影偶而也會轉過身來，跟大妹表達一些自己的想法，然後再溫柔地摸摸大妹的頭說：

「孩子啊！爸爸只是把我的想法講給妳聽，決定權都在妳自己身上，但是妳千萬要記住，一定要為自己的選擇負責哦！」

許多年過去了，大妹都已嫁做人婦，但她提起這段歲月，也覺得這是很難得的經驗。經常的狀況是，女兒會隱瞞自己在外和男孩子互動的事情，而大多數父親對於女兒交友的管教也會太過嚴厲，甚至管教過了頭。大妹說，能夠像她這樣，可以和爸爸邊笑邊談論男孩子的事，其他人聽到一定會感到羨慕和訝異。

大妹說，當然爸爸也會提出各種建言，或許因為這些殷殷的叮嚀，都是在廚房中邊做邊說，所以特別容易讓人接受。而在廚房的煙霧瀰漫以及四溢的香味中，她和爸爸總顯得特別親密，就好像同班同學般貼近，那是她最快樂的一段時光。

現今的青少年，很多事情都不願意跟父母分享，更遑論是人際交往、男女關係等親密的私事，而我的大妹之所以願意大方地與父親分享心事，其實是因為父親的反應，總令她覺得安心和信任。

　　當孩子感受到父母親對自己選擇的接納與尊重，會促使孩子願意和父母親分享更多的生活點滴，也樂於打開自己的心房，訴說自己在情感上或工作上遇到的問題。這種健康的互動，也能讓父母有機會給予提醒和建議，讓自己人生的閱歷和智慧，真正成為孩子生活中的幫助。

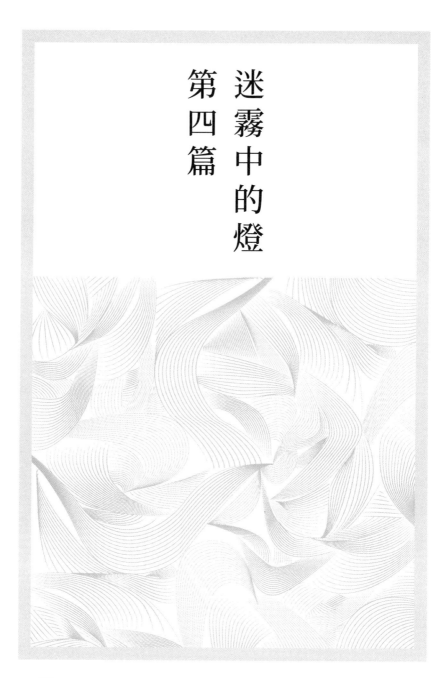

第四篇

迷霧中的燈

爸爸的愛指引我成長的路

「我是在當了父親之後，才學會怎麼做父親的。」

這句耳熟能詳的廣告台詞，說出了許多父母的心聲。

初嘗為人父母時的喜悅，相信對許多父母而言都是美好的回憶。當懷裡那個小小的寶貝，剛剛學會在頰邊綻放一朵甜美的微笑，咿咿呀呀地試著開口說話時，身為父母的我們是多麼興奮，心甘情願地為了小寶貝付出一切時間和心力！

父母對子女的愛，大多數是無私奉獻的。然而由於成長的時空背景不同，造成彼此在價值觀和生活習慣上的差距，形成所謂的「代溝」，當親子之間發生衝突時，許多父母就會不禁一陣感嘆：

「唉！孩子翅膀硬了，再也不是那個乖巧可愛的小孩了！」

除了投注完全的「愛」，我們也應該用心觀察孩子的個性和特質，瞭解孩子的興趣，參與他們的活動，試著理解屬於新世代的話題與文化，健康親子關係的營造，就從走入孩子的內心世界開始。

第一章　初入憲兵營的忐忑歲月

傾聽是一種力量，
原來我是那麼善於傾聽，
是來自於種日積月累的功力，
而這種傾聽力量的源頭，就是我的爸爸。

談過了我的大姊、大妹與大弟和爸爸的互動種種，現在就來說說自己的吧！

終於離開校園，我必須入伍服役了。那年是民國七十八年，以時代的背景來看，當年台灣正處在由威權統治轉型到現代化民主的過程。這個過程，執政黨和在野黨間彼此間都還有太多的調適與嘗試，畢竟在之前有幾十年台灣都處在戒嚴時期，也才剛於民國七十六年由蔣經國先生宣布解嚴。

我的軍種是憲兵，我想這也要拜爸爸所賜，我的身家清白，符合這樣「優良軍種」的條件。一般來說，憲兵應該不用像野戰部隊那麼操的，但我真的是例外。在我日後和不同世代的朋友聊起當兵歲月，較少找到當兵當得比我還「操」的人。無論如何，爸爸帶給我的原生家庭，去哪我總是身家清白、言談舉止也值得信任。當兵歲月後來比別人苦，真的是時代背景問題。特別是身為憲兵，在那

樣的時代，還真不容易呢！幾乎天天呈現戒備狀態。

我剛入伍那年，在林口憲兵新訓結束後，被分派到桃園虎頭山332營報到，從那天開始就備嘗憲兵這軍種的辛勞。說起桃園，當年可是在野黨一個重要的歷史據點，許信良曾在那裡當過縣長，後來還發生著名的中壢事件。而他也在我入伍那年，從大陸偷渡闖關回台了，於是可想而知，又帶來政壇一片風雨激盪。身為憲兵的我，可就有得忙了。

但也因為這個事件，也算幸運地，讓我碰到一件好事，使得我辛苦的憲兵歲月，還算有個比較好運的開始。原來我報到那天，大部分的學長(也就是老兵)都出勤了，要去桃園做鎮暴。

原本每個新兵報到，不論哪個軍種都一樣，難免會碰到被老兵魔鬼訓練的惡夢，特別是像我這樣的大專兵，當年軍中大部分人學歷都還是不高，大專兵總是得受到額外的待遇。但那天既然大部分人都不在營區，我就直接免去通常第一天被老兵羞辱要滾好漢坡等等的洗禮。

因為留守的人有限，我一報到就直接去擔任衛兵勤務。不知為何，那些老兵情報有誤，一直以為大專兵還沒

報到，他們把我當成一般兵看待，還在一旁聊天說著：

「過幾天大專兵就要來了，我一定要給他們狠狠下馬威，整得他們死去活來，大專兵了不起啊！自以為書讀得好就跩甚麼，我肯定會給他們好看！」在一旁聽到這些對話的我，真的是膽戰心驚，心中充滿絕望。

那天是站二休二，很辛苦，但至少還沒有被老兵教訓。可是該面對的事還是要面對，老兵們出勤，終究要回來的。到時候我這大專兵避免不了，一定有很多苦頭吃。想到這，我這個新兵，邊站崗，心情是極度苦悶的。此時我人生第一次開始想像，當年爸爸當兵，比我情況還糟，他得離鄉背井，去到一個茫然不知道的前方，更何況他那時還是真槍實彈，隨時有性命之憂的。就這樣，我邊站崗邊想像著爸爸當年少年從軍的心中感覺。

終於下哨了，由於我兩小時後還得站崗。於是我只到旁邊的衛哨休息區待命。一進去，有兩個老兵已經在裡頭聊天了，他們當天也是得站二休二。看到我這菜鳥新兵進來，他們顧著聊天，只稍稍瞪我一下，並沒有來管我。我則在一旁心中忐忑的坐等下一班上哨。

但就是有這麼巧的事，那兩個老兵聊啊聊的，我在

一旁不想聽也不得不聽到對話，竟越聽越奇怪，聽那老兵描述的他正在追求的「七仔」，好像剛好就是我認識的人。於是當時我大起膽子問：

「學長，您提到的那個女孩，是不是姓尚。」

「尚」算是個很冷門的姓，我這一說，那個老兵立刻眼睛睜大：

「你怎麼知道？你是做甚麼的？」於是我跟他說，這個姓尚的女孩，剛好是我姊姊的最好朋友，也經常會來我們家。當下這學長驚訝地看著我，詢問了我這女孩種種情報，最後很滿意的對我說：

「只要我在的一天，我一定會罩你。」就這樣，當兵下部隊的第一天，我得到幸運之神眷顧。

隔天去參加鎮暴的整個部隊，回營了。

果然，部隊在經過正常集訓操練，九點晚點名後，接著就是老兵上場時間。所有的新兵都被留下，接受老兵不合理的「磨練」。我自然也在其中。但那位老兵學長，沒有食言，我只被操練一下，那老兵就公開的點名叫我出列，把我帶出來。於是我當晚就脫離魔掌。那位老兵剛好是所有同袍中，資格最老的。在軍中，快退伍的人最大，

他正好就是那個已經破百，快退伍的老鳥。其他老兵也都知道他罩著我，因此也就不特別對我刁難，還真是幸運。

還有一次，另一位老兵，也是在晚點名後的集訓把我單獨叫出列。那時我心中充滿疑惑不安，我又不認識這位學長，他叫我出來幹嘛，肯定要把我整很慘（當時罩我的老兵已經屆退，先放假去了）。他帶我走到偏僻的地方，一直走啊走的，深夜裡我越走越害怕，當時又正是寒冬時節，刺骨的寒風吹著，令人更加難受。我問學長，他要帶我去哪，他卻只狠狠地說，問甚麼問，跟著走就對了。就這樣我跟他一直走。

到了一個四下無人的偏巷，他叫我坐下，我也只能戰戰兢兢的坐下。原以為他要開始整我了。沒想到，接著他卻語帶哽咽的開口說：

「我失戀了。」當下我內心立刻三條線，心想：「你失戀跟我有關嗎……？」當然表面上我還是得保持鎮定，甚至我還得裝出一臉認真「很想聽」的表情。

接著這個老兵真的把我當吐苦水的對象，一路訴說他的情路艱辛，一直講講到凌晨三點，我都快要睏死了，但也只能忍著聽，並且內心開始覺得心理醫生真是偉大啊！

終於，他講完了，內心垃圾傾倒完畢。忽然他站了起來，伸手進口袋裡，我不知道他想做甚麼，頓時有點緊張，原來他只從口袋裡拿出一個蘋果，用很酷的表情遞給我，說：

「吶！這個給你補充營養」。還補充營養咧！我比較需要的是睡眠好不好。但既然老兵願意提供這樣的「善意」，我還是得用充滿感激的表情，笑納這顆蘋果。

現在想想，日後我會投入顧問諮詢這個行業，可能在當時就已經顯露出我善於「傾聽」的特質，也因此我在軍中結交到很多朋友。不知道為何，許多人就是喜歡和我吐露心事。

我想，這也是我從爸爸那傳承到的特質，爸爸也是這樣的人，他有著能帶給別人溫和安定的力量。所以即便爸爸人不在我身邊，他也用另一種方式，影響著我。

第二章　那遙遙無盡的雨中長路

想像總是隔了一層的，
唯有當自己親身經歷那種行路的艱難，
才知道，爸爸當年離鄉背井的苦痛。

　　爸爸是個軍人，我則是個不知從軍有多辛苦的老百姓。直到我自己入伍體驗將近兩年的軍中歲月，才更能感同身受爸爸過往的辛勞。

　　我是個憲兵，所有當過兵的人都知道，憲兵是種特殊軍種，這個軍種可說是軍中的警察，而非軍中的戰士。但我當兵那年，卻碰到有史以來第一次，憲兵被拿來當步兵用。而這樣的事之前沒有，在我那年之後也沒有了。我躬逢其盛，被操到簡直生不如死。

　　原本憲兵也是很操的單位，操練的方式是做鎮暴操等訓練，當時也是每日訓練八小時，一旦機場或哪裡有事，就得穿著全副鎮暴裝，衝到現場。每當烈日當空，還得全身穿戴得密不透風，將體能耗到極致，那真是苦不堪言。但比起後來碰到的操練，那當時的憲兵的鎮暴操練也就不算甚麼了。

　　原來，當年郝柏村先生上任國防部長沒多久，適逢國軍即將建軍滿八十年，於是就有些新的思維。郝先生竟然

想到，要讓憲兵也能夠有戰鬥力，而爲了展示他的決心，於是真的就挑選一個憲兵營來當作步兵營用，這個營是用抽籤的，抽到的正是我們 332 營。

之後我們可慘了。我們這營被訓練起來要參加師對抗。

我們每日清晨卽起，大清早先跑五千公尺，回來吃過早餐後，就要開始一整天的磨練，並且這樣的磨練，不是只有從早上操到夜晚，而經常是一次兩三天以上的操練行程。我們會全副武裝，行軍去攻山頭，每天不斷的行軍。隨著師對抗日期越近，我們也被操得越兇。踩著疲憊的步履，連續三四個月，我們就是一路走走走，走到整個人都已經感覺不到任何力氣，就只是行屍走肉般地行軍走走走，我們從桃園走去新竹，又從新竹走到台中，再從台中又往北走。起初聽學長說，走路要穿著絲襪，我當時還覺得不解，後來人人都這樣做，因爲雙腿經過長期無休的摩擦，會有嚴重的燒襠現象，如果不穿絲襪，會痛到無法走路。

有人曾經是養尊處優的少爺，在家躺沙發，被父母好好照顧。現在卻成了一個個人肉機器，不知前路爲何地拖著腿走啊走的，背著步槍以及幾十斤的裝備，頂著已經被鋼盔壓得很痛昏沉沉的腦袋，和汗流浹背全身都累到不

行的軀體。但除非眞的不支倒地送醫，否則當兵的命運就是這樣必須完全服從，再累也得接受極端的操練。

我印象很深刻的，那一年除夕。家家戶戶在家歡樂迎新年。但我們卻行軍在某個不知名的山區，搖搖晃晃地走在大雨紛紛、寒雨徹骨，不知前路在何方的某個濕冷山路中。

我已經算是個脾氣很溫和的人，但當我頭頂越來越沉重的鋼盔，全身上下都已經被雨淋濕，走著走著，心中就忽然湧起一股很大的怒氣，瞬間就有股衝動，想把槍整個重重甩在地上，逃開這個鬼地方。

在那個關鍵的時刻，爸爸的身影忽然浮現我腦海，我想起他的溫暖關懷，想起他那永遠堅定讓人心安的神情，於是我忍住了那把怒火。我知道，爸爸若在我旁邊，他會告訴我甚麼，他會告訴我：

「兒子啊！吃得苦中苦方爲人上人。」

於是在那個除夕雨夜，我將緊握的雙拳，握到手心都痛了，卻又輕輕放開，繼續我往前的不斷步行。終於我可以體會爸爸當年從江西一路來的苦痛。

我再怎麼操練操到痛苦不堪，至少我身後還有一個

家，我也知道，國軍再怎麼操練，也不至於要了我們的命，他們還是會顧到我們的休息以及吃飽喝足。但我爸爸當年呢？ 他可以一路往南，前途茫茫，家成了背後的一個越來越小的點，小到終於看不見，並且這一別就是數十年，連自己的父母都無法再相見。

我們的操練，就只是操練，不會真正有凶狠的敵人拿著機關槍守在前面，也沒有任何必須拋頭顱灑熱血的生命顧慮。但我爸爸當年呢？ 他可是真槍實彈的在炮火中走過九死一生，他曾經站在兩軍交會的最前線，死神隨時可能等在下一個角落。於是我比較釋然了。我甚至開始感謝讓我有這樣的機會，可以用另一種角度來認識我爸爸。

後來，我們真正參與師對抗了。

果然憲兵還是不適合當步兵用。擔任藍軍的一方，我們竟然打輸了，這下可尷尬了，紅軍代表匪軍，藍軍是國民黨軍耶！裁判官怎麼可以判國民黨軍輸。這時候裁判官氣到說：「再比一次。」

於是乎，我們又再次沒日沒夜地，在無彈炮的「戰火」中受苦。記得那回很玄，行軍途中，軍旗竟然斷了，

那旗桿很粗，卻真的就這樣硬生生自己斷掉。連長官也覺得邪門，據說軍旗斷就代表部隊會有人死掉，寧可信其有不可信其無，於是全營準備祭品燒香拜拜，偏在此時原本慢慢燃燒的火苗突然旺了起來，大火把整個香都燒了。大家看了內心都毛毛的。

那年也的確是多事之秋，師對抗過程中，有人真的意外身亡。大家都已被操得昏天暗地，我們的餐車還被敵人劫走，讓我們餓肚子被困在一處山裡，只能吃乾糧過活。當天空又飄下細雨，我們都笑了，是那種很無奈的苦笑，對於無窮無盡的苦難，感到徹底放棄的那種笑。那是段很艱苦的歲月，但回憶起來卻又充滿苦中的樂。還好那年爸爸經常到營區來看望我，成為一種安定的力量。

工作後記得幾次在雨中，當我拖著疲憊步伐往前時，彷彿就會看到年輕時代的爸爸就站在遠方對我招手，要為我加油，不要擔心，我就在這裡。

是的，爸爸永遠在，也伴我終於走過雨中長路。

第三章　從總統府廣場到總統府值勤

當碰到苦痛時，總覺得日子連一秒都撐不下去，
但事後回想，卻又覺得當年的事是多麼新鮮有趣，
那時你會發現，事件都是暫時的，但感覺卻永留心中。
就好比一生中會遇到不同的人，但只有彼此間的愛才是永恆。

　　打完了師對抗，我的軍旅生涯也走過了大半。我已
經是個老兵了。部隊也回歸建制，讓我成為正常的憲兵。
但苦難真的過了嗎？　結果並沒有。並且還是不同形式的
苦都讓我經歷了。

　　當兵前半段我是被當成野戰步兵，操得很苦。

　　當兵後半段我則是正規的憲兵，被操得更苦。

　　原來，自從師對抗，我們332營沒能替憲兵增光後，
不久上級就決定把我們這個營拆掉，五百多人的建制都被
打散，分配到別的營。但仍留下一個營本連，要做什麼
呢？又有新任務了，迎接民國八十年大閱兵，我們要組建
一個閱兵營。在軍中我的職位勤務排是參一人事，於是我
身負重任，既要被當成士兵狠狠操練，又是必須執行公務
每天熬夜做文書的苦命阿兵哥。

　　所謂閱兵營，就是要在總統府前踢正步，雖然國慶大
典上正式踢正步經過閱兵台只有幾分鐘時間，但前面的訓

練卻要花大半年，記得十月閱兵，我們一、二月就開始進入操練。初始，我這個參一要陪同人事官，去全省各個憲兵營選兵，挑選的對象都是有嚴格標準，介於一百八十公分左右但也不能太鶴立雞群，必須人人身高一致，氣宇軒昂個子挺拔的戰士。（結果我成為全營中最矮的一位……苦啊！）

當這些兵找齊後，每天最重要的任務當然就是踢正步，要磨練多久呢？ 一天踢超過八小時，培訓的過程也包括腿上綁著沙袋跑五千公尺，以及在艷陽下直挺挺地站在操場不能動。

對於我這參一人事來說，那種苦真的不輸給之前師對抗行軍的苦。師對抗我累到極點，但至少還可以和整個部隊一起在野外休息。現在為了閱兵培訓，白天依然要參與各種體能培訓，晚上卻還得要挑燈夜戰，趕各種行政業務。曾經有一次，我累到整個人直接趴倒在桌上，第二天準備要把一個公文呈上去，卻遍尋不著，正著急萬分時，才想到去垃圾桶翻翻看，真的翻到公文。原來我前一晚累到極點，已經滿腦昏花，誤把公文當垃圾丟掉。

還好最終，這些辛苦有了代價。我們不但通過閱兵

當天的考驗，並且獲選為當天閱兵表現最佳的團隊。我也獲得特別表揚，得到國防部頒發的榮譽狀。也因此我過往累積了數十天未放的假，現在終於可以放榮譽假了。算是軍旅生活中，少見的開心時刻。

這時我也正式成為一個老兵，真正倒數饅頭計日，再半年就要退伍。記得當時，身為老兵的我，終於比較有多點時間回家，看看爸爸，陪他聊天，陪他說話。

民國八十年，我準備退伍那年。我仍舊很忙。而在心底我也認了，反正我的命運就是這樣……哈哈，既然逃脫不了這當兵苦的宿命，就把它當吃補吧！一如我父親對生命中的磨難，平靜從容的接受它，勇敢堅強的面對它。閱兵結束後，我又有新任務了。由於我們這個閱兵營表現太傑出了，營長也充滿光彩，上級竟把我們調派去守衛總統府。那是管理和要求最嚴格的內衛區，不容半點錯誤和鬆懈的單位，因勤務中，人員有限，所以每個人都得站二休二（站崗二小時，休息兩小時）。天那！我是老兵咧，好不容易熬到這個身分，可以開始享清福的，居然還是面臨這種待遇……真是無言啊！

由於我個子不高，不會是站大門，只能派去站側門。

到了後期我改當便衣，經常要跟著排長，坐著偵防車出巡，到處巡防，看哪裡有發生問題。那年代解嚴後不久，社會上還真的很多狀況，這可苦了我們這些憲兵。曾經許多次，我們緊急出巡，去到一個個衝突現場。老實說，我是個比較溫和書生型的人，碰到衝突場合，經常對方要動刀動槍的，心中還真是五味雜陳感到不安。

印象最深刻，就在我快退伍前一周，發生了一次大事件，當時還上了新聞。不知道是誰通知，說建國南北路橋下有軍人聚眾賭博，我們緊急出車趕赴現場，原來那裡是計程車集散休息場，許多司機正在聚賭，我們一群憲兵衝到現場，一一盤查是否有軍人的身分，當然引起他們非常的不爽，當下在言語上衝突了起來，司機們也不甘示弱，認為民間的事干憲兵甚麼事，由於他們人數不少，氣焰囂張，有人還拿著棍棒磚頭做勢要打架。

隊長看情勢不對，緊急 Call 對講機，找來更多憲兵助陣。我想隊長當時也慌了，不知道是否要叫弟兄們對空鳴槍。那些司機們也不是省油的燈，也用無線電 call 來更多的計程車司機，他們見人多勢眾，人多好壯膽，更加囂張的喧嘩鼓譟，處在中間的我們個個神情緊繃，有點不

知如何是好，終於隊長下令，要大家舉槍做防衛狀態，並大聲地說：

「若有人敢輕舉妄動，就準備開槍。」

天啊！我再五天就要退伍了。饒了我吧！

當天情況好比日後好萊塢裡會有的情節，先是我們憲兵包圍聚眾的司機們，結果司機叫來更多車隊把我們反包圍，之後驚動了軍方，又派出了更多軍隊在外頭重重包圍……

這是我這一生中第一次上報，雖然報上看不到我的照片，而多年後我也早已忘記當時是怎麼收場的。

只記得過了幾天後，我終於安全退伍了。

回到青年公園的家，和爸爸分享這退伍前的驚險記，爸爸邊喝茶邊對著我微笑說著：

「你當兵的苦難和磨練終於結束了……」。此時我抬頭看著窗外的天空，覺得外頭天好藍，我的世界正要開始了。

第四章 爸爸，感謝你的信任

曾經，我是學校的模範生，爸爸以我為榮
後來，我卻負債超過千萬，我傷了父親的心，
但最終爸爸還是相信我的選擇，
我今天能在我所屬的行業有任何的成績，
我要衷心感謝爸爸的信任。

五專時我讀的是電子科，然而讀書時就發現自己對此專業毫無興趣，讀得非常痛苦。因此剛退伍時，我不想從事相關的電子工作，當時的規劃很單純，我想開一家咖啡館，擁有屬於自己的店面，每天早晨聞著咖啡香氣迎接客人。

當我把這個想法告訴爸爸時，他並沒有否定我的念頭，反而在某天看到我們住家的樓下有 7-11 的徵人廣告後，建議我去應徵，認為或許從中學到的經驗會對往後開咖啡館有所幫助。

爸爸當年的建議，是有時代背景考量的。當時的台灣環境還很單純，喝咖啡的風氣不如現在普遍，而像星巴克般的大型連鎖咖啡館也還沒進駐台灣。然而當時 7-11 已是知名的連鎖物流業，在台灣各地快速擴張，未來前景看好。爸爸建議我可以在 7-11 先工作一陣子，學習一些服務的觀念與待人處世的方法，同時還可以學到連鎖規劃

的知識與專業，在不同環境接受歷練，讓自己有所成長。

我聽從爸爸的建議前往 7-11 擔任店員，靠著自己的勤奮努力，也憑藉著一些好運氣，在從事店員工作幾個月後，就順利升為店長，負責管理全店的業績營運。擔任店長後因為我有策略的用心經營，連續數個月都創造了極佳的營收，爸爸偶爾問起我的工作狀況，當我一一據實以告後，爸爸也顯得很開心，連連說著：

「兒子，你做得不錯！」面對這份前景看好的工作，然而我卻在日趨穩定後，開始思索轉換跑道的可能。當時剛出社會的自己，懷著滿腔的熱血和鬥志，總希望能在最短的時間內快速累積資產，獲得高度成就。

後來因緣際會之下，我接觸到了教育訓練產業，激發了我無比的熱情和學習的強烈動機，因此毅然決定辭職，轉往教育訓練領域發展。下定決心後，我首先和爸爸談了自己的規劃。對於自己描述的藍圖，爸爸其實有些疑慮和擔憂。

因為這樣的工作沒有底薪，薪資來源全依靠推廣課程所創造的業績獎金。爸爸不明白我明明有一份看似發展不錯的工作，為何還要讓自己踏入一個不確定的未來。

此外，當時的我個性比較害羞內向，表達力也不是太好，這樣的個性是否真能適任那樣的工作？爸爸對此十分擔心。然而慈愛的爸爸對於我們的決定，向來都是深表支持，因此當我興奮地跟他不斷描述這個行業的前景後，他點頭認可了我的決定，同時也提醒我一些要注意的事，包括未來當我投入新工作時該考量的一些細節。

辭去 7-11 的工作後，我開始思考如何準備一筆錢，度過接下來暫時沒有收入的日子。當時小型的泡沫紅茶店正流行，我就想，那麼就開家店吧！一方面可以小小滿足我想開咖啡館的夢想，另一方面我也急於想賺錢，認為有了店面就可以有現金收入，也可以有錢參加一些課程，提升自己在教育訓練上的專業。於是提領了之前所有的積蓄，加上向爸爸及親友籌借的金額，共籌了一百多萬，開了一家紅茶店名叫「掬陽」。

爸爸得知開店計畫後，不只一次提醒我：

「兒子，在我們這個社區，真的會有那麼多人願意消費嗎？爸爸覺得不太妥，你要不要再考慮看看？而且這是個新社區，許多人都也還沒有住進來，住戶有限的情況下，能支撐每個月的負擔嗎？」

當時的我滿懷著對夢想的實現和企圖，之前工作的順遂也強化了我的信心，因此雖然覺得爸爸的提醒有道理，仍然決定咬著牙，拼拼看。沒想到，到後來果然被爸爸料中了！當時的店面開在自己住的社區內，本來希望吸引當地住戶前來消費，卻忽略了當地是一個新興社區，住戶人數有限，搬來的住戶也沒有照原本的期待搬入，因此短期內想要達到損益平衡相當困難。

後來為了節省成本，只敢雇用日班的工讀生照顧店面，每天我從顧問公司下班後，還得自己拖著疲憊的身軀去顧店。然而，晚上時段是最辛苦的，除了來店客人較多，每天晚上關店前的店面打掃、碗盤清理等工作，往往耗費大量勞力。

那一陣子最常見的情況是，每天忙到凌晨兩、三點，隔天又要起個大早，趕到公司上班。平均每天的睡眠時數只有三、四小時，長期下來在體力上和精神上都造成相當大的負荷。

這樣的光景持續了一年左右，我終於坦然面對當初思慮不周的現實，同時自己的體力和精神都已達到上限，只好將店面賠錢頂讓給別人，加上之前支借的金額，留下

了一筆債務。為了還清債款，更加深了我對賺錢和成功的渴望，只是生活並未如當初規劃的藍圖般那麼順利。

為了能長遠在教育訓練界發展，我投入了許多金錢和時間到各地上課，只要聽說哪裡有不錯的課程，即使需要跟人家借錢，我也會立刻報名，甚至有一段時間前往美國進修，只為了取得專業的證照。

由於當時自己的性格還有一個很大的盲點——不忍拒絕別人，不知道如何訂定健康的界限——因此只要朋友尋求協助，一定赴湯蹈火，盡力幫助對方。遇到對方急需用錢，即使自己已經捉襟見肘，卻仍不忍拒絕，最後甚至以自己的名義，向他人借錢給朋友。

於是，想快速成功的心態，搭配上不當的投資，自我的課程費用、不忍拒絕朋友的借款、與他人的合作事業被捲款等，如同戲劇般接踵而來的事件，讓我的負債彷彿滾雪球般越滾越大，也讓我的生活陷入了前所未有的困境。

為了籌錢，每次上午的演講一結束，就和妻子匆忙趕到天母、東區一帶擺地攤，賺錢還債，連續近 3 年每天兩人只有 200 元左右的生活費來熬過那段日子。儘管每月我們都還掉一部分的舊帳，但同時還得支借新的借貸。

當時爸爸隱約察覺我們到的困境，但不想讓爸爸擔心的我們，總是含糊說明自己的境況，所以爸爸也從未追問，只是每天晚上多了一通關心的電話：

「孩子啊！家裡有煮飯，回家吃飯吧！」

那段日子生活再辛苦，我也是咬著牙忍著，小心翼翼不讓爸爸發現，直到後來債主打電話到家裡催討，整件事這才曝了光。我永遠記得那一天的情景和對話。爸爸用暗啞的聲音問我：

「兒子啊！你到底在外面欠了多少錢？」

「……」

我不敢回答。

「五百萬？」

我搖頭。

「八百萬？」

我還是搖頭。

「一千萬？」

我沉重的點點頭：

「差不多這個數目。」

（其實，當時我的負債高達一千五百萬，但我如果

把眞實數字跟爸爸說，可能他聽了會擔心到中風吧！）

「天哪！」爸爸閉上眼，發出長長的一聲嘆息：

「兒子，以前讀書時你最聰明了，爸爸最放心的就是你這個孩子啊！你怎麼搞的？」

「你怎麼搞的？」他又重複說了一次，那句話伴隨著嘆息，重重地敲在我的心上。

我愧疚地向爸爸坦承，當初沒有聽取他的建言和提醒，加上不成熟，所做出的許多錯誤選擇。也緩緩道出了自己因爲貪心以及想要快速成功的心態，所遭到欺騙、倒債的事情。父親聽了嘆氣連連，也百般不捨的告訴我：

「兒子，你要在這些事情上，學到該學的功課！」那天晚上父子倆坐在沙發上，相對無言許久後，爸爸嚴肅的問我：

「兒子，你這份工作薪水不多，工作量也不固定，你眞的要繼續做這行業嗎？」

看著爸爸黯淡的臉孔，我實在不忍心讓他傷心，但當時我評估過自己的狀況，加上這些時日的專業累積，知道繼續留在這個漸入佳境的產業，才可以幫我脫離龐大的債務。於是我含著淚向爸爸保證：

「爸，請相信我，再給我一些時間吧！」

他凝視我良久之後，輕輕的點了點頭，不再說話。

幾天後，他遞給我一個信封，裡面是一封信，還有房子的地契，爸爸對我說：

「孩子，先把我們這間房子拿去貸款，還掉一部分的錢再說吧！」我默默的接過信封，用力撐大眼睛，不讓眼中的淚水滑落。

如今每當回想起這段往事，總覺得很對不起爸爸，當初他時刻的耳提面命，對自己有諸多實用的提醒，自己卻單憑著一股「假如我不能我就一定要，假如我一定要我就一定能」的想法，沒有審慎的評估，沒有周延的規劃，加上沒有界限的「濫好人」性情，才累積了龐大的債務。大姊知道這個消息後，二話不說立刻向銀行借了一筆錢讓我紓困，四弟也偷偷塞了一些錢給我，這些金額雖然不足以解決當時的困境，卻是我們全家心連心的最佳證明。

更感謝的，當然是我的爸爸。當年爸爸的信裡，沒有一句責備或勸說，只有無限的擔心和關懷：

「兒子，你要加油！相信你真的想清楚了，爸爸相信你的決定！」爸爸的信任，給了我強力的支撐力量，讓

我能放心走出一條屬於自己的道路，而不是在家人壓力下忍痛放棄自己過往的努力。今天的我，如果在教育訓練這個領域上有些微的成績，我相信父親對我的信任，絕對是我能始終堅持的重要原因。

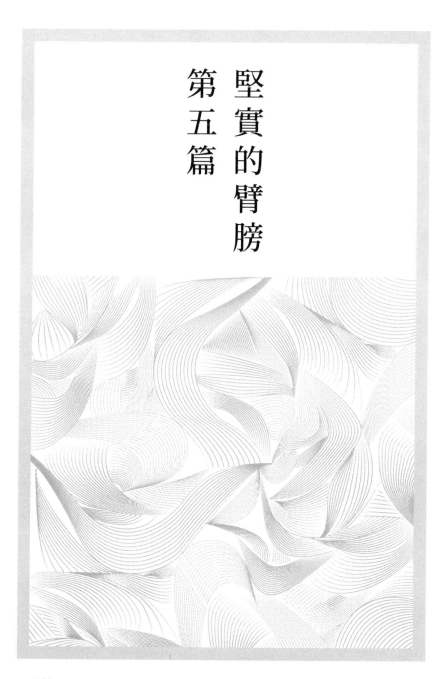

第五篇　堅實的臂膀

即便已經年老，他仍是一家的靠山

猶太人有一項美好的習俗傳統。

每周五傍晚，是猶太人傳統上的「安息日」。到了晚上，猶太家庭都會圍坐在一起，由母親點上小小的蠟燭，在燭光的照耀下，父親會伸出手輕撫著孩子的頭頂，為每一個孩子誠心地祈禱祝福。

祝福過後，每個孩子都會從父母手中接過一枚硬幣，並親手投入一個裝硬幣的箱子。而到了每個星期五下午，如果有生活遇到困境的人們來到家門前，希望獲得一些協助時，父母就會囑咐孩子從積蓄硬幣的箱子裡取出硬幣，幫助他們度過難關。透過這樣的模式，所有孩子從小就明白，這些硬幣並不是拿來當做自己的零用錢，而是為了幫助更需要幫助的人。

猶太人認為：「世界上最珍貴的東西是金銀銅鐵，但這些都可以被取代，只有一種既珍貴又有辦法被取代的，那就是恩慈善良。」

為了灌輸這樣的信念，猶太人的父母從小就以這樣的方式培養孩子的同情心。也因此，猶太人是世界上最樂意把錢花在慈善事業的民族之一。不需要講述大道理，而是透過實際的作為，讓子女從小就建立了良好的觀念。

第一章　爸爸教給我們的人生功課

爸爸這一生沒有當過老師，
個性溫和內斂的他，也不常發表甚麼高論，
但當我們回顧這一生想要尋找影響我們最大的名師，
我們四個孩子都必然同意，爸爸是不折不扣最佳的人生導師。

「做人啊，要提得起，也要放得下！」

晚餐桌上，父親不但經常對我們這樣殷殷叮嚀，自己也親身實踐著這項原則。

爸爸後來在松山機場任職人事科長的那幾年，薪水待遇還算不錯，他卻在五十多歲就毅然選擇退休，跌破了眾人眼鏡。面對大家的不解和困惑，他只是淡淡的說：

「占了主管職缺這麼久了，如果我不肯退，其他人就無法升上來，總是要給年輕人多一點機會啊！」

聽到這番話的親朋好友，都深深敬佩父親這份總是為他人著想的體貼，以及不為權力、物欲薰心的豁達。然而，更令我們意外的是，爸爸的退休除了這個原因，其實還藏著另一個祕密。直到大姊畢業後考取松山機場的僱員，在一次偶然的機會下，才從父親舊同事的口中得知另一段故事。

當時擔任中校的爸爸，只要接受更多的培訓安排就

有機會晉升上校，除了得到更高的職位，薪水也能增加好幾千元。這樣一個人人稱羨的機會，父親卻毅然決然地放棄了。原來，要升職要先去國防部參加培訓，但是在培訓的期間，他可能無法正常的回家，雖然培訓代表著一個嶄新的職涯發展機會，但卻讓他無法照顧四個孩子。幾經思量，如果無法照顧孩子，那他寧願選擇放棄升遷的機會。

當大姊告訴我們這件事後，我們心裡感到相當震憾，後來得知爸爸這樣的決定全都是為了我們四個孩子，更是讓我熱淚盈眶。總是把子女的陪伴與照顧作為最優先考量，這就是爸爸對我們愛的表現。

更讓我們感動的是，爸爸退休十多年來從來沒有告訴過我們這件事，要不是大姊無意間得知這段往事，我們根本不會知道。在爸爸的心裡，並不會把為家庭、為孩子的犧牲當做是犧牲，而作為他的孩子，我們卻看見了：愛，原來從來都少不了責任。

爸爸用他一生教給我們的人生功課有許多許多。

爸爸不但個性溫和、忠厚老實、為人正直，還經常幫助需要幫助的人，寧可自己吃虧，也絕不占別人的便宜。並且從小就透過點滴的日常生活，逐漸地影響著我們在待

人處事上的生活哲學。

　　小時候和爸爸一起走在路上，只要看到路旁有行乞的人，他總會掏掏口袋，摸出錢來拿給行乞的人。記得有一次經過一個行乞的人面前，他從口袋裡掏出錢後對我說：「兒子啊！雖然家裡也很窮，但是只要我們有能力幫助人，就要盡量幫忙人家，你把錢拿給那個人吧！」

　　接過錢後，我走向那個行乞的中年人面前，把錢投到對方面前的碗裡，原本低著頭的中年人連忙抬起頭來，不斷地對我說著：

　　「謝謝！謝謝！」當下我心裡喜孜孜的，笑嘻嘻地跑回爸爸身邊，以為他會好好讚賞我一番，只見他溫和卻嚴肅地問我：

　　「兒子啊！你剛剛是怎麼把錢給他的？」我直覺地回答：「把錢丟進去他的碗裡啊！」

　　爸爸溫柔地摸著我的頭說：

　　「以後錢不要用丟的，而是彎下腰來輕輕放進去。」看到我不解的眼神，他接著說：

　　「爸爸教你們要幫助人，但爸爸想讓你們知道，幫助別人要有禮貌，要讓被幫助的人有尊嚴！不能因為幫了

對方就沾沾自喜，覺得做了一件很了不起的事。大家本來就應該要互相幫忙，知道嗎？」

當時年紀還小的我，似懂非懂地點了點頭。從此以後，只要遇到同樣的情況，我一定會彎下腰，輕輕把錢放到對方面前。彎下腰的同時，才是付出愛心的開始。爸爸為我上了一堂別具意義的課，出社會後我在某本書看到了同樣的故事，心中很有感觸，在這社會中也有許多的父母，如同我父親一樣，對他人的愛與付出是要給予尊重與同理。從小父親就告訴我們：

「量大，就是福大！」、「借錢給別人，就不要再想那些錢，如果回得來，都是撿到的！」

走過時代動盪的父親，確實將身外之物看得很淡然。

曾有一次，他為了多攢一點錢，於是一群親戚朋友共同起了一個會，沒想到過沒多久就傳出被倒會的消息，爸爸也因此損失了好幾萬元。當其他人都急著催討債款的同時，父親卻跟對方說：

「沒關係，我的部分你慢慢來，有能力再還就好！」

多年後我好奇地詢問爸爸，當年為何能如此豁達，幾萬塊在當時可是一筆不小的數目啊！爸爸笑著回答：

「少了這筆錢，對家裡來說真的是很大的損失，只是我了解他的個性，他欠錢一定會還的！但是在當下真的遇到困難時，如果每個人都苦苦逼他，萬一他被逼急了走上絕路，對大家又有什麼好處呢？」頓了一下，爸爸接著說：「兒子啊！你們從小到大，家裡這麼多的困難，要不是一路上有很多人幫助我們，及時伸出援手，靠爸爸一個人，怎麼養活你們四個孩子呢？所以你要記住，當我們有能力時，也要主動幫助別人！」

　　父親這番話帶給我很深的影響，也成為自己為人處世的準則與方向。回想自己從出社會至今，也遭遇過不少逆境和挫敗，然而每次快要撐不下去的時候，總是有些人適時伸出援手，給我信心和鼓勵，替自己加油打氣。當中也有不少人給予我經濟上即時的支援與協助，讓自己一次又一次度過艱困的時刻。因為父親的教誨以及過去生活上的這些經歷，如今自己每次看到別人有困難時，都能多一分同理和體貼，也更願意及時伸出援手幫助他人。

第二章　爸爸的第二春

她可以說是我們的第二個媽媽，我們都習慣稱她李阿姨，
她總是充滿旺盛的活力，有她在，整個空間都活絡了起來。
很感恩在爸爸的銀髮歲月，
有這麼一個活潑樂觀的伴侶，讓生活有了更多色彩。

　　在我退伍並且開始工作幾年後，家中多了一位李阿姨。李阿姨是爸爸經由親戚的牽線，再度選擇的人生伴侶。當年和媽媽離婚時，其實許多親朋好友都曾勸過父親：

　　「孩子還這麼小，你一個大男人怎麼照顧得來？趕快再娶一個老婆來幫忙照顧家裡吧，趁你還年輕！」

　　爸爸知道他們的勸告是出於好心，但內心裡不免擔心萬一續絃的對象不能好好善待孩子，那又該如何是好？所以最終仍決定把全副心力都投注到我們身上。對於爸爸的選擇，我們既感動又心疼，因此當我們都成年後，對於爸爸決定再度走入婚姻的決定，我們都十分支持。

　　熱心助人、為人大方，是我們對李阿姨的第一印象，當時我們已經搬離濱江街，住在青年路的社區。爸爸為人忠厚親切卻不擅長社交，花了好長時間才漸漸認識街坊鄰居，沒想到李阿姨才來到家裡沒多久，竟像一陣風似的把上上下下、左鄰右舍全混熟了！

李阿姨不只充滿熱情，還也有許多值得我們學習的地方，例如她總是願意熱心助人，記得有一位國小體育老師跟我們住在同一棟樓，有一次偶然和阿姨提到要帶領球隊到台南參加桌球比賽，卻苦於經費不足，正在擔心住宿問題，李阿姨一聽馬上說：

　　「不要擔心！如果你們不嫌擠，就到我們台南的老家住好了！」

　　隔天阿姨立刻著手安排住宿問題，後來甚至因為不放心，特地陪同他們南下。於是比賽期間，小球員們不但住宿的問題得到解決，還能天天吃到李阿姨熱情煮出的一桌可口好菜！阿姨的開朗和熱心，讓她在社區獲得了極好的人緣，街坊鄰居都笑稱她是「地下里長」。

　　這些年來阿姨對我們視如己出，即使在我們各自成家後，只要聽到任何一個孩子要回老家的消息，她必定會親自到菜市場精心挑選豐盛的食材，在熱氣蒸騰的廚房中滿身大汗的炒菜，最後再掛著關愛的笑容，端出一盤盤豐盛的料理。特別會做菜的阿姨，總是把我們餵得心滿意足。

　　李阿姨的出現，不只為我們家帶來歡笑，也重新照亮了父親的生命。多年來，在阿姨的悉心照顧下，父親漸

漸有了養生的觀念，開始重視自身健康，也逐漸養成運動的習慣，因此在九十多歲的年紀，父親的身體依然不錯，這都要歸功於李阿姨對這個家，以及對父親的用心。

從爸爸和李阿姨的關係，也讓我日後在做輔導培訓時，對於家庭關係有更深入的看法。

婚姻不只是對另一半的承諾，更是一種責任的承擔，尤其有了孩子又面臨再婚的抉擇時，需要更多一層的深思熟慮，謹慎考量後再做決定。畢竟過去造成婚姻衝突的問題如果沒有解決，或是沒能從中學到該記取的經驗，即使走入下一段婚姻，歷史只會重複上演。

二度走入婚姻前，建議做下列幾點思考，避免可能產生的風險和遺憾：

一、仔細考慮婚後另一半的加入，在生活習慣對子女可能產生的影響。

二、與再婚對象協調財務的規劃與分配，在家庭支出上達成一致的共識。

三、彼此坦誠昔日的婚姻問題，以及對未來雙方關係的期待。

四、事前溝通雙方的親子教養觀念，尊重接納彼此的想法。

五、除了經營兩人關係外，也必須顧及雙方兒女的感受，幫助他們有良好的健康互動。

　　單親家長不只要承擔經濟的壓力，還要獨自關照孩子的情緒起伏和身心狀況，和雙親家庭相較，要承受更大的壓力與挑戰。然而若僅僅是為了維持雙親家庭的結構就倉促走入另一段婚姻，缺乏謹慎抉擇的結果，可能會對孩子造成更大的傷害。畢竟影響子女的，有時不只是「離婚」本身，而是父母在婚姻衝突中的處理方式。

　　給予孩子一個完整健全的家，是每個為人父母的期待，然而根據諮商或家庭婚姻的研究報告中，可以發現孩子的行為與品格塑造，並不單是單親或雙親的問題而已，其實父母親的教育方式才是最根源的因素。

　　親子間維持健康的表達和互動，讓子女感受到自己對他們的愛和關懷，才是和孩子維持良好關係並重塑家庭結構的秘訣，這樣的模式能讓孩子即使缺乏父親或母親的單方陪伴，也能在充滿安全感的氛圍中健康、開朗的成長。

第三章　陪伴你是我永不厭倦的甜蜜

陪爸爸聊天，絕不是種義務，
而是自然天性，我們四姊弟最喜歡的生活交流，
不論我們離家多遠，總有一個與生俱來的磁力，
讓我們總想回去看看他，就算是靜靜地喝杯茶看著他休息也好。

人到了一定年紀。便無欲無求，只想靜靜地坐看光陰流逝。子曰：「三十而立，四十而不惑，五十而知天命，六十而耳順，七十而從心所欲，不踰矩。」

而我爸爸早已年過七十，不只從心所欲，也可以笑看人生，無怨無悔地看待生命。但我們也知道，爸爸無論再怎麼清心寡慾，對生活無所求。在他內心裡永遠記掛的一件事，就是我們四個子女過得好不好。

2016 年母親節那天，我和妻子以及姊姊弟弟一家人陪著高齡近九十的父親，一起去淡水漁人碼頭走逛，看看夕陽，吹吹海風。爸爸老當益壯，精神很好，在輕盈的晚風中，我們都覺得非常幸福快樂。

這天是母親節，但我們卻帶爸爸出來散心。因為這天李阿姨不在家，她其實也是想母親節這天，不想過那些繁文縟節，李阿姨還對她原生的兩個孩子說，母親節各種禮節就免了，她要到山上，有三天兩夜的培訓課。李阿姨

真的是活力旺盛啊！至於假日這天，陪伴爸爸的重任就交給我們幾個子女了。

說是重任，其實我們三天兩頭就回去找爸爸，這已經不算是什麼特殊的聚會了。過往時候，雖然大家都忙，但再忙也一定每周都會回青年社區老家看爸爸，近幾年，則不知爲何，我們忽然更加「想念」爸爸了，有時候明明一小時前才剛和爸爸道聲晚安，人都已經回到自己家了，卻心中浮起，好像甚麼話還沒跟爸爸講完的感覺。我的老婆很貼心，她就會俏皮地跟我說：

「怎麼了，又在想念爸爸了？」

我也只有對著溫柔的老婆，靦腆地笑一笑。我時常覺得，幸福是什麼？幸福是一種如空氣般不用刻意營造的內心感覺。到中年以後的我，經歷過許多的事，自己也有了小孩，如今我的小孩也出社會工作了。人家常說：「唯有當過父母的人，才能感受到父母的難爲。」我實實在在地也在當了父親後，更體會到爸爸當年的偉大。

說實在的，一個遠離家鄉的老兵，在妻子離去後，邊工作邊照顧著我們四個兄弟姊妹，這是很辛苦的事，但在我們四個孩子的印象中，沒有任何對爸爸負面的印象。

任何時刻，他總陪在我們身邊；任何時刻，我們都不覺得自己是身在單親家庭。

我們四個孩子最高興的事情，就是爸爸依然身體健朗，只要看著他可以行住坐臥正常的享受人生，做子女的，就感到非常欣慰。但爸爸終究年老了。這兩年看著爸爸皺紋更深，老人斑點更多，步伐蹣跚又吃力，身形越加的瘦弱，聽力，視覺都不復過往，每次從椅子上要站起，總是要費盡所有的力量，才能緩慢站立。

我們幾個孩子依戀了爸爸一輩子，看著歲月不饒人，內心說不上來就是有種心疼。於是不約而同地，增加了回家看爸爸的頻率。有時候一個星期回家兩三次，沒什麼特別原因，就是去看看他。我很感恩爸爸用他一生帶給我們四個子女那麼好的教育。

記得在 2016 年初，媒體報導了幾個家族企業第二代鬧爭產的醜聞。我們家人看了都很不可思議，這世上有甚麼事比親情更重要？（當然我們家沒有什麼財產可分……呵呵）那些富豪之家已經不缺錢了，為何又要為錢讓家人傷心難過？

就在兩三年前，爸爸可能自己擔心年老身後事，於

是難得一次慎重地把家人都找來，他要交代房子的事。爸爸軍旅出身，一生做事踏實勤懇，他不是商人，也不擅社交營生。他不是個有錢人，這一輩子最大的財產，也不過就是青年社區那棟眷村改建的房子。

當他用比較嚴肅的態度，提及這棟房子將來要歸誰時，彼時妹妹已在美國，但參與會議的大姊，以及我和弟弟，完全沒有出現任何討論財產分配的爭吵。大姊和我二話不說，直接聲明，我們都不要繼承這房子，我們都願意把房子的所有權利，完全讓渡給弟弟，一毛錢不分，不需要賣房子分配財產，也不需要取得任何資產名分。

自從我們四個子女紛紛成家立業，各自獨立以來，我們都知道弟弟肩負了陪伴爸爸的重責壓力，他雖擁有自己的事業也買了自己的房子，但他選擇帶著妻子，陪著老人家。多年來，因為有弟弟的照顧，我們在不同的事業打拼時，也都能夠比較安心，不用擔心暗夜裡爸爸出什麼狀況，或者老人家各種生活的不便。

弟弟和弟媳婦一家人，用溫暖的陪伴，帶給爸爸一個愉快的晚年，兩個可愛的小姪女，更是最常帶給爸爸歡笑的開心果。這樣的恩情，是任何金錢財富無可取代的。

我們幾個姊弟都衷心感恩弟弟和弟媳，也願意無條件的把房子權利給弟弟。

弟弟也說陪伴爸爸本身就是他覺得很幸福的一件事，更別談什麼條件。至於房子，只是他陪伴爸爸期間一個伴隨溫馨回憶的居所，這裡是大家共有的家，這房子絕不能賣，是我們共有的房子。將來若有一天，如果遠在美國的妹妹想要回台灣，到時候她若要在台灣找個居所，那麼，弟弟也會無條件地把這棟房子，轉讓給妹妹。弟弟也要爸爸放心，我們一家人將永遠彼此扶持，永遠互相照顧。他辛苦教養的四個子女，將永遠是彼此一輩子的扶持。

爸爸安心了。爸爸安心，我們大家也都安心。

我常常在想，是什麼樣的力量，讓我們一家人能夠如此緊密相攜，幾十年來我們分別都經過風風雨雨，但從來沒能沖淡或疏遠我們緊密的親情。那毫無疑問是因為爸爸成功的教育方式，他用身教教養出四位相知相愛的子女。他用一輩子守護著四個子女。年輕時候他用心陪伴家人，年老時家人也會用心陪伴他。

這是世間的真理。願全天下父母細細品味。

第四章　陪伴家人傳承生命智慧

陪伴，應該是親人間最快樂的事。

對爸爸來說，能夠陪伴他的四個孩子，是最重要的事。

不管孩子是否長大後各奔東西，

就算是在天涯海角，四個孩子都是他的寶。

　　爸爸已經九十二歲了。

　　但有個孩子因爲時空距離較遠，成爲我爸心中一個牽掛，每到一段時間，他總是心中不能忘記她的身影，乃至於就算已經年老體衰，不適合做長途旅行，他還是執意要飛一趟美國，去看看他這個最疼愛的小女兒。說起我的妹妹，也是個很有個性的女孩。

　　其實在爸爸的教養下，我們家四個孩子，人人有不同的生活風格，但共通的個性則是懂得幫助人，一生中總不吝爲別人付出關懷。

　　大姊是個帶點豪邁個性，從小就姊代母職，把事情一肩挑起，非常有責任感的奇女子。婚後她和姊夫兩人夫唱夫隨，姊夫熱愛社交，姊姊也總是充滿熱誠，他們積極參與社交活動，生活精彩豐富。

　　大弟小時候是我們的跟班，個性認眞勤懇，成長後將這樣的認眞專注投入在工作上，果然成就一番事業。現

在的他更是孝順持家，和爸爸住在一起，晨昏定省，他是爸爸的四個孩子中，最早事業獨立，讓爸爸放心的人。

至於可愛的妹妹，則又是另一種風格，小時候她是最無憂無慮眾人愛、眾人疼的寶貝，長大後有段時間她和弟弟一起陪伴著爸爸，住在青年社區的老家裡。直到後來因生涯規劃，她遠赴重洋，去追求人生新的理想。但無論飛得多遠，她從未斷了和家人的聯繫，經常透過越洋電話，我們還是可以聽到她鈴鐺般可愛的聲音。

但妹妹離開台灣，我們畢竟內心仍深感不捨。特別是爸爸，他不擅長說那些想念思慕的話，但實際上他無時無刻不寄掛著他疼愛的小女兒。午夜夢迴，他也曾睡不著翻身坐起，弟弟就曾看到爸爸，夜半一個人靜靜的看著妹妹的書信，想念的心，令弟弟覺得動容。

有一陣子爸爸非常寂寞，因為在妹妹離台赴美後，接著弟弟也在婚後遠赴大陸發展事業。所幸在爸爸一番話的開導下，他體察到陪伴家人以及對孩子教養的重要，於是結束大陸的事業，回到台灣來，之後擔任木材工廠的總經理。他和孝順的弟媳以及乖巧的女兒，一起陪爸爸居住，將爸爸照顧得很好。

但是妹妹呢？爸爸雖然表面上不常提起，但其實爸爸非常想念她。每當他想念她想念到受不了時，就想飛一趟美國。而我們大家也都知道，父女情深，擋也擋不住，就算以健康為理由要爸爸不要出遠門，終究他的心已經飛到異國，那麼還不如讓爸爸順心。畢竟現代對我們每個子女來說，這世上最重要的事，就是讓爸爸開心。

於是爸爸遠赴美國去找他心愛的女兒。

有的人旅行是為了增廣見聞，有的人旅行是為了舒散身心。但年邁的老爸，搭乘飛機長途飛行，就為了那一生牽掛，無怨無悔的親情。所以爸爸的遠行，是另一種形式的陪伴。

從小在我們家，陪伴就是很重要的一件事。為了照顧四個孩子，當年爸爸情願放棄升官的機會，為的是陪伴家人。平日他和我們孩子分享人生智慧時也不忘強調，當成家後，儘管事業再忙，也永遠不要把家庭擺在第二順位。

在我們家，陪伴是種常態。除了經常回家看看老爸外，每年固定撥出時間陪爸爸到國內外旅遊，已經成為我們兄弟姊妹間的默契。而經常在這樣的旅行過程中，也會發生很多有意思的事情。成為一家人相片本上一頁又一頁

美好的回憶。

記得有一年，我們前往早在數月前就已安排好的度假村旅行，當時正值 SARS 期間，或許是受到疫情的影響，平時熱鬧的度假村竟然鮮少客人。隔天一早我們在度假村享用早餐時，更赫然發現偌大的餐廳裡竟然空空蕩蕩，除了我們一家人外再無其他客人！

櫃台服務生親切的招待我們入座後，由於沒有其他客人需要服務，於是數十位服務人員全排列在四周招呼我們的需要。過了一陣子，飯店經理忽然走近關切：

「不好意思！我注意到您們的用餐速度突然變得很快，是不是餐點不合您們的胃口，或是您們有別的需要，是我能幫得上忙的呢？」爸爸見狀，趕緊向對方表示：

「沒有啦！只是我告訴大家要吃快一點，這樣就能讓你們早點休息！看到你們這麼多人在等我們一家，真的不好意思！」

後來我多次在該飯店實行教育訓練，也和那位經理成了好朋友，有一次他主動和我聊起此事時，笑著說：

「從事服務業這麼多年，這種回答還是第一次聽到。您的父親真正是位厚道的好人！」經常在這樣的家人共處

時刻，我們看到更多爸爸令人尊敬的一面。有時和爸爸外出用餐，如果剛好遇到人潮擁擠的用餐時段，爸爸就會低聲對我們說：

「我們吃快一點，外面好多人在等！趕快吃完，其他人就有位置坐了！」

有時我和爸爸到停車場開車時，爸爸只要看到有人在找停車位，就會催促剛發動引擎的我說：

「兒子呀！那裡有人要找停車位，你趕快把車子開出來，把位置讓給別人吧！不要讓對方等太久，很辛苦！」甚至他還會客氣地搖下車窗，請對方稍等：

「不好意思，我們馬上好，馬上好！」

這就是爸爸的體貼，總在自身可行範圍內盡可能提供他人方便，成全對方。在父親身上，我清楚看到了「成全」的智慧，也讓我們做子女的學到生活的一課。這也是我非常鼓勵家人陪伴的原因，除了建立親子間的感情，也可以透過生活中的點點滴滴，傳承智慧。無論子女天生的性格如何，家庭教育對孩子後天的品格發展，具有相當大的影響力。

事實上，「家庭教育」是孩子的第一所學校，而父

母則是孩子終生的學習榜樣。在多年的協談輔導經驗中，我發現許多孩子行為有偏失時，父母總是習慣性的用言語責備，或搬出一番大道理來教訓，其實這種權威的方式不見得能讓孩子聽得進父母說的話。甚至隨著父母責罵的次數越多，雙方衝突、對立的狀況也變得越嚴重，最後形成一道越築越高的藩籬。

回顧爸爸對我們的教誨，往往是「身教」多於「言教」。平常話少的父親很少對我們講述大道理，然而他卻用他的一生，默默地實踐著許多為人處世的方式和原則。在耳濡目染下，我們在處理各種事務及人際關係時，自然會學習爸爸的行為模式和品格，因此儘管我們兄弟姊妹的性格大不相同，但是在思維模式和處理事情的態度上，卻依稀可見爸爸的影子。

這許多年來，因為工作的機緣，我有幸認識了在不同地方的學員，其中更和許多學員建立了長期的信任關係，彼此在人生路上互相支持、鼓勵和打氣。每次有學員親自或來信表達感謝，在感到窩心的同時，總不免想起我的爸爸。如果我在待人接物和工作上，能帶給他人些微的溫暖和幫助，或許是深深受到爸爸的影響。

記得大姊當年剛開始工作時，父親的舊同事對她都十分照顧，還紛紛對大姊說：

　　「妳爸爸呀，真的是一個好人！我們以前受他的照顧，實在太多太多了！」溫暖而良善，爸爸就是一個這樣的人。可以身為爸爸的兒子，我深深地感到驕傲。提到爸爸的人生智慧，還真的影響我們很深。

　　記得當年我要在做一個職涯發展的省思，那時在想是否朝中國大陸市場發展。從事教育訓練的自己，多年來曾有多次將訓練重心完全移轉到大陸的合作機會。然而夜深人靜時，我總會停下來問自己：功成名就，真的是我所追求的嗎？

　　我的老爸爸、家人都待在台灣，如果事業的成功，必須要大幅縮減和親密家人的共處時光，我是不是會覺得遺憾？簡單的幾個問題，讓我找到了答案。

　　四弟也曾經面臨過同樣的抉擇。畢業後的他在台灣工作幾年後，轉往大陸從事木材的生意。由於事業經營得相當成功，兩地的距離差異和工作的忙碌，卻讓他鮮少回台灣陪伴太太和女兒。有一天，爸爸語重心長地跟他說：

　　「老四呀，你要想清楚啊！女兒還這麼小，正是需

要人陪的時候，如果爸爸老是不在家，沒有人關心她，等到她的行為出了問題，你賺再多錢，也沒有用啊！你真的要好好想清楚啊！」

爸爸的一番話，提醒了四弟。後來他慢慢收掉大陸的工廠，把重心移回台灣，並且每天都盡可能回家陪家人一起吃飯，就像爸爸當年每天陪我們吃飯一樣。如今我們四個兄弟姐妹早已各自成家立業，然而大家仍然保持良好的默契，盡可能每個星期都抽出一天回老家看望爸爸，陪他到公園散步，或圍坐在客廳談笑，總希望他老人家除了衣食無缺之外，精神生活也能同樣飽滿健康。

對我們而言，這不僅僅是盡到孝道，而是我們真的很愛我們的父親。只因他曾經那樣地無怨無悔地陪伴著我們，如今我們能做到的，也許只是當時父親為我們付出的千萬分之一。

第五章　相隔七十年的感恩擁抱

那一刹那，我們都哭了，
那不只是人與人間相遇的感動，
而是一種就算時空阻隔，
也不忘一飯之恩的深重情意。

人與人間的關係，像是一顆顆種子，在相遇相識的刹那，種在你我的心房，這些種子長成一個個故事的枝葉，也許時光拉開了彼此的距離，只剩想念不能見面，但那年種子結成的花朵，永遠在內心散發出記憶的芬芳。

爸爸是個有故事的人，在我們成長的路上，他的故事總讓我們百聽不厭。儘管幾十年過去，還是不斷有新的驚喜。

這回的驚喜竟然是來自遙遠的馬祖！

2014 年夏天，爸爸說他想去一個地方看看多年不見的老朋友，不知他們是不是還健在？

爸爸的朋友？ 我們家所有的親戚、往來的朋友，以及爸爸平日鄰里常見面的人，我們都很熟悉。還有哪個「多年不見」的朋友呢？

原來，民國三〇年代，兵馬倥傯的戰火歲月，爸爸跟隨著部隊輾轉來到台灣，身為軍人的他，隨著部隊駐紮在馬祖。當年爸爸才二十幾歲，遠離熟悉的家園，來到這海角一方看不到綠意的陌生島嶼，心中難免有著孤寂與惶惑。

還好當時他寄住在一戶人家，他們是純樸的馬祖莊稼人，有著勤懇踏實的個性，房東當時三十多歲，房東太太則和爸爸同齡，他們都不把爸爸當外人，而是當一家人一般照應。遠離家鄉的爸爸，在這戶人家寄住，因著他們的誠懇，讓他像是找到另一個家，內心不再感到慌亂。

　　房東家有兩個孩子，爸爸也都把他們當成自己的子姪輩一樣照顧，當房東夫妻兩人不在，爸爸就成為孩子們的保母。陪他們寫作業，陪他們聊故鄉。有著家的感覺讓爸爸內心感到踏實，年輕的他，不再孤苦無依。

　　動盪的時代，人在時代的齒輪下被牽著走。

　　之後爸爸來到台灣，在困頓中渡過人生一道道關卡。

　　馬祖成為他人生的一段回憶，偶爾想起，然後在生活柴米油鹽醬醋茶中，繼續過日子，照養家人。但那段回憶從沒有消逝，經歷過許多事的爸爸，在心中的某個角落，仍然保存那年種下的種子。

　　這件事老爸過往沒有提起，偶然間我們聽到了這個故事，幾個子女都鼓勵爸爸回馬祖看看啊！但爸爸此刻反而有些猶疑了，一方面經過了幾十年歲月，爸爸自己都已經年紀老邁，更何況比他年紀還大的故人，不知是否健在。二方面既然都那麼多年沒聯絡了，突然過去拜訪，會不會

打擾驚嚇到對方呢？ 一向對別人很體貼不喜歡帶給他人困擾的爸爸，因此才會感到無法抉擇。

但我們四個孩子全部口徑一致的敲邊鼓，我們不但鼓勵爸爸去探望「老朋友」，並且也都表示願意陪他一起去。其實我們四個孩子們的用意，是希望爸爸心中一個牽掛能夠獲得釋懷，我們也都很樂意陪爸爸去一趟馬祖，重回當年的老地方。但放在心中沒有說的是，我們都不相信，七十年過去了，「老朋友」依然健在。

於是 2014 年，我們祖孫三代，一行人來到了馬祖南竿，賞戰地風光，看海天一色，害怕讓老人家失望，我們都不對探訪老地方給予太多的熱情，也不特別追問爸爸老地方在哪。

秉持著一股信念，爸爸一到馬祖，就到處去問是不是還有那位老房東的消息。都七十年了，馬祖早已現代化，物換星移、人事已非，可想而知，爸爸問不到甚麼消息。

但爸爸還是堅信他能遇到故人，而奇蹟還真的發生了。

有一位在地導遊告訴我們，這個房東的家人真的還在，那年爸爸住的房子如今也還在，只是已經荒廢，原來的住戶已搬去其他地方。

我們當下聽了也都覺得這實在太神奇了！於是在導

遊帶領下，我們去到了位在介壽村的一條巷弄裡，看到一間樓上已改成鐵皮屋的二層樓老建築，爸爸難掩興奮的帶著我們，逐一「導覽」：

「這就是當年大家吃飯的地方！」

「這個窄窄的樓梯，當年我每天爬上爬下！」

「這是我當年睡覺的臥床！」

看著爸爸真的找到「老地方」，我們全部人都不禁目瞪口呆。

接著，當爸爸與「老朋友」見面，那場景真的感動了在場所有人。

爸爸當下都已高齡快九十，當年的房東比爸爸年長十歲，已經不在人世。但房東太太卻還在世，兩個老人家激動的互相擁抱。

「小陳，沒想到你真的來看我們了。」

「是的，我來了，我從來沒有忘記你們呀！」

當年曾被爸爸照顧的兩個孩子，如今也都已經是五六十歲的成年人，他們一男一女，帶著各自的孩子，同樣激動的和爸爸問好。

「陳叔叔，我還記得你，你那時還陪我一起念書，跟我講江西的故事，我記得你，我沒忘記你！」

「我也沒忘記你們啊！」

看著爸爸和這些老朋友們相見歡，大家哭得唏哩嘩啦的。我們都曉得，爸爸又送給我們一個人生故事了。當場爸爸包了一個大紅包給這家人，那年從馬祖回來後，雙方也都繼續保持書信連絡。

原來，心存感恩，感動的力量是不會隨時間改變的。曾經種下的情緣種子，用愛心澆灌，回憶滋養，終於在心房開出溫馨的花朵。

爸爸教導我們要感恩，他也用歲月證明，即便是七十年的時光，感動永恆。

-179

第六篇

愛是一生的習題

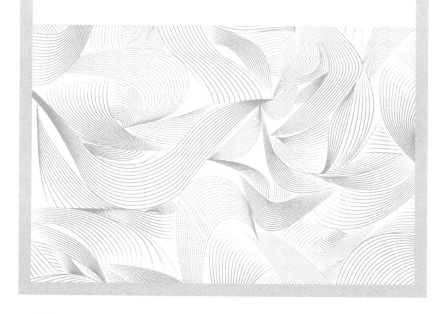

21 個珍貴的教育分享

兩個性格迥異的兒子,大兒子性格勤奮平和,小兒子則放蕩不羈,總渴望有天能脫離父親的管教。某日,小兒子要求父親分家產,得到後收拾行囊悄悄離家,過著花天酒地的放蕩生活,家產很快就揮霍耗盡,身無分文的小兒子,無奈之下只好找了一份養豬的工作餬口,過得十分困苦。有時餓極了,就連豬吃的豆莢都恨不得能搶來果腹。

小兒子在飢貧交迫中回想從前在父親身旁的日子,感到悔恨不已,決心回家請求原諒。當他步履蹣跚的接近家門時,老父親遠遠就看到,連忙衝上前抱住他。原來自從小兒子離家後,父親就天天在門口張望,等著他回來。

小兒子向父親懺悔,懇求留在父親身邊。只見父親向僕人吩咐,拿出上好的袍子和鞋子,並且宰殺一頭肥牛慶祝。此時,大兒子從田裡回來,知道後不滿抱怨:「我服侍您這麼多年,從來沒有違背過您的意思,而您從未給過我一頭山羊羔。弟弟拿走了您的家產,如今兩手空空的回來,您反而為他宰了一頭肥牛!」

父親只是慈藹地對他說:「我的兒啊!你常和我同在,我所有的一切都是你的。你這個弟弟是死而復活、失而復得的,所以我們理當歡樂啊!」

家長看待子女的過錯,應當如同上帝看待我們的過錯般,不輕易放棄自己的孩子,而是當孩子一生的精神支柱。

這一篇,我們要來提醒大家,如何跟孩子談愛。

陪伴，建立愛的關係

　　許多父母為了提供家人更優渥的物質生活，長時間忙於工作，面對無法陪伴子女，只能無力又無奈的說：

　　「我這麼辛苦打拼，都是為了這個家，為了能讓孩子們過好生活呀！」

　　其實孩子心裡最渴望的，既不是一頓豪華大餐，也不是最新的玩具或是到國外旅遊，而是父母能陪他們一起遊戲、聊天，能多留一些時間在他們身上。

　　在教養孩子的過程中，如果只是一味地給予物質條件的滿足，卻沒有用心付出關懷和陪伴，沒有幫孩子建立正確的價值觀或是良好的品格，就可能導致孩子行為上的偏失，以及價值觀的扭曲。

　　然而，有些父母在有限的相處過程中，卻經常對孩子惡意批評、羞辱指責或謾罵否定，孩子自然不會願意接近父母親，這樣的互動方式時間一長，讓親子間的關係僅僅維繫在血緣上，卻缺乏了真正「愛的關係」。

牽起那雙手，永遠不放開

　　我曾幫多家企業的主管們進行「豐富之旅」課程，

活動過程中會藉由音樂和情境的塑造，緩緩引領學員們回顧自己過往中，每一雙重要的手。

無論是父母溫暖厚實的手、另一半堅定信賴的手或孩子稚嫩溫熱的小手……每一雙手，都曾牽引著自己過渡到人生的下一個階段。

過程中，經常聽到許多感動的分享，更有一些感性的學員哭腫了雙眼，並在課程結束後打電話或寫信給深愛的人，表達一句真誠的「我愛你」！

每個人的生命中，都有雙重要的手。對我們兄弟姊妹而言，爸爸那一雙粗糙厚實的大手，就是我們成長過程中的重要依靠。

父親在我們心目中的形象，始終是恩慈、溫暖的，即使是犯錯的時刻，也從未責打過我們。在事情發生的當下，他一貫的處理方式並非喝斥，而是耐心的傾聽我們的聲音，再從旁溫柔提醒我們的錯誤。於是比起打罵教育，父親慈愛的教養，更能觸動我們四個孩子的心，讓我們在成長的路上，即使偶然迷途，終究會返回正道上。

你生命中的那雙手在哪裡？

你的手，是否也是別人生命中的那雙手呢？

陪伴，不要只做一半

有位學員在聽完我的課後產生了觸動，下定決心要改善他的家庭關係。

隔天他十分興奮的告訴我：

「老師，我有照您說的去做，昨天下班後特地推掉應酬，早早就回家陪伴孩子了！」

「那太好了！你昨天陪孩子做了哪些事呢？」我好奇而開心的問他。他愣了一下後回答：

「蛤？什麼也沒做啊！我女兒在樓上讀書，我在樓下看電視啊！」接著狐疑地問我：

「老師，我提早回家，不是已經在『陪她』了嗎？」我又好氣又好笑的回答：

「這樣的『陪伴』，其實只做對了一半！」

他的回答，讓我想起某次和朋友到餐廳用餐看到的景象。隔壁桌一家四口點完餐後，在上菜的空檔期間，全家人紛紛掏出手機和平板電腦，做出一致的動作——眼睛緊盯著螢幕、手指「唰—唰—唰—」地飛快轉換著畫面，個個低著頭不發一語。

這位學員和子女的互動情況，以及「低頭家族」在

餐廳用餐的情景，相信對你我而言都不陌生。然而，「陪伴」的真正意義應該是：全然用心的專注相伴。

現代的父母大部分都是雙薪族，工作的忙碌和生活的瑣事已經擠壓了我們和孩子相處的時間，因此在我們有限的陪伴時間裡，應該更全心地陪伴孩子，而不只是「提早回家」而已。

陪他們一起讀故事書、一起吃晚飯、聊聊當天學校發生的點點滴滴、看一部勵志溫馨的影片等，都能讓孩子感受到父母親滿滿的愛與關懷。

同時，在這些增進親子情感的親密時刻，讓我們暫且卸下父母威嚴的「管教」身分，試著以朋友的角色和孩子並肩而行，參與他們的世界。

此外，為人父母的我們，除了要有一顆愛孩子的火熱的心，也要有智慧的言語。在陪伴的過程中，要避免用命令、抱怨或苛責的語氣，這些言語只會加速拆毀親子間的關係。善加運用我們的言語表達，對孩子多多肯定、讚美和鼓勵，一定能讓親子關係更為親密和諧。

快樂用餐的秘訣

現代的父母多半忙於工作，家中很少開伙，經常都是下班路上買了便當回家，然後爸爸媽媽捧著自己的便當跑到客廳抓著遙控器看電視，而孩子也跟著躲進房間裡「吃飯配電腦」。

其實，「用餐時刻」是創造彼此溫馨互動的最佳機會，也是家庭情感凝聚的重要時刻，現代匆忙的生活讓父母和孩子互動的時間變得相當有限，因此更應該把握這樣的時間，給予孩子溫暖的關心，讓「一個人的晚餐」變成「全家人的晚餐」。

然而，許多父母雖然跟孩子一起用餐，也會陪孩子聊聊近況，言語中往往卻是責備多於鼓勵，甚至高聲喝斥孩子的某些行為，於是用餐時間成了教訓時間，如此不但無法增進親子關係的緊密，反而製造了更多的摩擦和衝突。就讓我們一起來練習，從今天開始，用餐時間都能做到：

一、等全家人上桌後才開動。

讓孩子體會到這是「全家人的晚餐」，營造彼此的親密感。

二、關掉電視。

讓用餐不再是聽電視人物說話的時間，而是聽家人說話的寶貴時刻。

三、主動詢問。

引領孩子分享學校或生活的點點滴滴。

四、維持輕鬆愉快的氛圍。

鼓勵孩子分享心情，同時避免讓自己說出管教和責備的言語。

只要運用以上四項原則，相信一定能讓晚餐成為分享快樂和心事的美好。

時光，只有用餐的氣氛和諧愉快，孩子才會真心期待每一次的相聚時刻。

當孩子說出「我愛你」

這是朋友的親身經歷。

小學二年級的兒子某天放學後，笑嘻嘻地踱步到正在書房低頭看書的他面前，膽怯地叫了一聲：

「爸！」正在專心閱讀的他當時並未抬頭，只是輕

輕應了一聲：

「嗯？」於是兒子再度叫了一聲：

「爸爸！」終於他放下書本，口氣略顯不耐地問道：

「怎麼了？」只見孩子凝視著他的眼睛，滿臉眞誠地脫口而出：

「爸，我愛你！」

我朋友一時之間，愣住了。

三秒、五秒、十秒過去了，他還呆呆地愣在那裡，過了許久總算擠出一句話：

「怎麼了？是不是做錯什麼事，怕被我罵啊？」

「沒有啊！」兒子搖搖頭，單純天眞地說：

「老師說，爸爸媽媽平常很辛苦，所以我們要常常對爸媽說『我愛你』！」

兒子說完之後就蹦蹦跳跳的離開書房門口，只留下朋友「驚魂未定」地坐在那裡。

當他跟我分享這個故事時，他略帶懊惱地嘆了口氣：

「唉！聽到兒子說出『我愛你』時，當下明明覺得很感動，可是自己怎麼會做出那種反應呢？」

有多少父母，聽到孩子說出「我愛你」時會手足無

措？相信朋友當時的反應，也是許多父母遇到類似狀況時會做出來的表現。

當我們爲了要給孩子更好的生活環境而終日奔波忙碌的同時，也許都忽略了更重要的一件事——適時地表達自己對孩子的情感。愛孩子是一回事，讓孩子感受到「你愛他」的訊息又是另外一回事，不妨以更實際的行動，溫柔地抱抱孩子，告訴他們：

「我愛你。」

因爲愛孩子的證明，永遠不嫌多。

愛，要用乘法

愛，有各種不同的呈現方式。

嚴厲的管教，是愛孩子的一種表現。

包容、傾聽和支持，也是愛孩子的表現。

有些父母的愛讓孩子幾乎窒息，因此儘管父母在親子關係中投入全副心力，雙方卻仍可能產生許多摩擦和衝突。

有些父母的愛則讓孩子感受到接納和尊重，體會到親密和溫暖，而這種健康的互動會讓孩子明白，不管自己外表如何、成就如何，父母都會無條件的愛自己，使得孩子

能建立一個安全感，孩子也較能以愛的方式來回應爸媽。

這種愛的關係創造的不是加法累積，而是乘法的效益。

讓孩子打開心門

曾在報紙上讀到一篇《永遠別對孩子說閉嘴》的文章，讓我感觸良多。

文章中提到，從小每當他圍著母親打轉，迫不及待地想分享學校發生的各種大小事時，媽媽總是以「我很忙，你閉嘴」、「我很忙，你快講……」的語氣回應他。

有次他在補習班被欺負，哭喪著臉委屈的想找媽媽傾訴時，卻被重重吼了句：

「我很忙，你閉嘴好不好！」

接連幾次之後，他終於學會閉嘴，並且不再和媽媽分享任何事。

於是他的母親，不知道他領了市長獎、不知道他當上學生會長、不知道何時是他的畢業典禮……，他的母親錯過所有可以和孩子分享喜怒哀樂的時刻，錯過孩子生命中的每一個階段。

想要走進孩子的世界，就不要對他們說「閉嘴」。

現代父母的行程多半忙碌，很難抽出完整的時間和孩子做親密的交流。如果我們真心想跟孩子更加親近，就必須用心努力經營，花一點時間瞭解孩子在學校以及下課後的情形，找機會認識孩子的同學和老師，例如參加親子座談會，或是邀請孩子的同學來家裡作客，都能走進孩子的生活圈，讓孩子感覺到你跟他們是「同一國」的。

想要營造良好的談話氛圍，最好能找出一個固定的時段，在沒有任何時間壓力或干擾下進行，像是全家的晚餐時間、睡前的十五分鐘、洗碗筷或折衣服等做家事時間，甚至是開車接送孩子上下學，都是不錯的機會。

唯有投入時間用心經營，建立起親密且信賴的親子關係，孩子才能對我們敞開心胸暢談心事，也才能真正的瞭解孩子。

當孩子的朋友

老師在美術課要求全班同學畫畫，題目是「逛街」。下課時，班上的孩子紛紛把自己的作品交到講台上，老師則含笑的一一觀賞。當他一張張的翻看，發現其中一個男孩的圖畫紙上，只畫了很多雙穿著鞋子的腳，其他什麼都

沒有。於是老師好奇地問他：

「咦？你怎麼沒有照著題目畫呢？」「我畫的是『逛街』呀，我跟媽媽逛街時，每次都看到很多雙腳耶！」小男孩疑惑地回答。

許多父母常會在不自覺間忽略了一件事，其實孩子和我們的世界之間，存在著很大的差異性，尤其當孩子進入青春期後，這樣的差距會更加明顯。

記得昨天他還是個滔滔不絕、成天纏著你問「為什麼」的小孩，忽然間你們的溝通出現了障礙，他口中最常說出的是「不知道」、「忘記了」、「幹嘛？」、「不要！」、「好煩哦！」等字眼，有些孩子最常表露出來的情緒和表情，則是咆哮、抱怨、低頭、皺眉等反應。

其實父母的角色是多元的。

在孩子還小時，生活離不開父母，也需要建立各種規矩，父母這時候需要扮演的，是孩子的引導者；而青春期階段的孩子，在生理和心理上都面臨了重要的轉折期，此時家長的角色就需要適度調整，在某些時刻要成為孩子的朋友。

唯有試著以孩子的眼光來看世界，我們才能看到一直

被忽略的部分。以他們的視界看世界，站在他們的立場，用相近的語言和他們溝通。在角色轉換中，只要我們跟孩子關係的界線拿捏得宜，不失分寸，就能讓孩子樂於跟我們分享生活瑣事或成長點滴，也更容易聽取我們的建議，讓孩子站在自己的肩膀上，看到更寬廣的視野。

要走進孩子的世界，需要刻意的練習與大量的耐心，家長可以試著掌握以下原則：

一、和孩子平等的交流：

無論年齡大小，孩子都是一個獨立的個體。父母親應該以開放的心胸，聆聽他們的心聲與想法，和他們並肩共同討論事情，讓他們覺得父母是跟他們站在同一陣線的。

二、願意聆聽孩子的興趣與夢想：

當孩子分享他的興趣或夢想時，不要一開始就給予主觀的價值評判，而是耐心瞭解這項興趣或夢想的初衷，為何能激發他熱情和專注的根本原因，並釐清這件事對孩子的幫助。在過程中，你的用心聆聽與尊重，都能促使孩子激發

和你分享的動力。此外，當你對孩子的選擇有

擔憂時，不要在第一時間予以反駁，而是用同

理心來回應，並在適當的時機下引領他往正向

的角度思考。這種尊重的方式，較能讓孩子接

受你的建議。

三、給孩子愛的空間：

父母給子女的愛，應該像是安全的港灣。當子

女在學業上不如意、事業上不順遂、人際或感

情失意時，如果家庭關係是安全的，親子互動

是良好的，雙方的愛是健康的，孩子會較願意

回家和父母親訴說這些種種不如意。

有時父母也要給予孩子適當的空間和時間，在事情

發生的當下，如果孩子不想立即和你分享，不要急於瞭解

情況或強迫，而是給予他一段思考的冷靜期。當孩子冷靜

過後，會較願意敞開心胸訴說他所發生的事。

比成龍成鳳更重要的事

「望子成龍、望女成鳳」是許多父母的期盼和目標，

這樣的期待固然沒錯，然而從近年來層出不窮的社會新聞和事件中，我們或許都該重新定義自己的教育方式。成功的教養，不該只是關注孩子的成就發展，更重要的，是培育出健全和良好人格的孩子。

在課程及協談輔導的經驗中，慶幸發現有越來越多的父母重視這個問題，然而由於時代的變遷及成長環境的不同，「如何改變孩子的行為」成為許多父母面臨的新挑戰和難題。

一個人的行為來自於生活態度，而態度則來自於他的價值觀。與其要求孩子改變行為，應從「建立價值觀」開始著手，才能得到更好的成效。

然而價值觀並非透過「責備」和「要求」而建立，而是藉由榜樣身教，才能發揮傳承的影響力，在孩子生命中留下影響。因為父母親的責任，不只是教孩子「知道」，更要讓孩子「願意做到」！

回顧父親對我們的教育，就是在點滴的日常生活中，慢慢影響我們人生的哲學和做人的道理。因此我們對孩子的教育，不是只在行為上要求他或在觀念上改變他，家長平常待人處事的原則與方法，都會對孩子產生潛移默化，

形成價值觀的影響。

如同《荒漠甘泉》中所言：

如果一個孩子生活在容忍中，他就學會忍耐。

如果一個孩子生活在鼓勵中，他就學會自信。

如果一個孩子生活在公平中，他就學會公義。

如果一個孩子生活在安全中，他就學會信心。

如果一個孩子生活在讚許中，他就學會喜愛自己。

如果一個孩子生活在被人接納和友誼之中——

他就學會在這個世界裡去尋找愛。

愛與管教

有些家長對於晚歸的子女，會採取責罵或體罰的方式。然而，當孩子知道晚歸會受到處罰時，往往會因為害怕而說謊，隨口編個晚歸的理由，甚至乾脆變本加厲來個「今天夜不回家」，反正都是要挨打或挨罵。

其實父母如果真的擔心子女，就要以溫和的方式柔性處理，用正確的方式表達，例如：

「爸媽不知道你去哪裡了，真的很擔心你！」告訴孩子自己的擔心和在乎，同時教育他學會向家人報平安。

當然，父母也要懂得傾聽孩子說出晚歸的理由，畢竟只有瞭解孩子，才能真正幫助他。子女犯錯時，究竟該採用「棍子管教」，或是給予「愛的教育」？管教尺度的拿捏，是現今許多父母的兩難課題。

1970 年代暢銷書《管與教》(Dare to Discipline) 的作者詹姆士‧杜布森認為，正確的管教，應該在愛和關懷的前提下進行。此書雖發行已久，然而許多教育的觀念和方法，更是許多身為父母的教養寶典。他認為，「愛」和「管教」並不互相抵觸，而是互相依附的。管教孩子，是為了對孩子未來有幫助，讓他成長為充滿愛心、勇氣、懂得感恩的人。管教並不表示父母不愛孩子，事實上，管教是愛的一部分。

每次輔導有類似困惑的家長時，我經常以我自身成長經驗為例，鼓勵父母採用「愛的管教」，給子女一個充滿愛的氛圍，以及合理管教的環境。放任的縱容和過度嚴厲的管教，不見得是正確愛孩子的方法。過度溺愛孩子而允許他作出不恰當的行為，或是嚴厲教導卻缺乏「愛」的養育方式，這樣的管教會嚴重影響親子之間日後的關係，尤其是在子女最易產生偏差行為的青春期。

教育是最好的禮物

2009 年 1 月 20 日，美國新任總統歐巴馬就職典禮當天，歐巴馬的妻子蜜雪兒穿了一襲白色單肩連身禮服，讓全場驚艷的同時，年僅２６歲的禮服設計師，出生於台灣的吳季剛也隨之聞名時尚界。

隨著他的作品陸續受到青睞，成就也越加廣為人知。然而，卻鮮少有人知道這份成就背後的主因，除了吳季剛自身的努力與堅持外，更大的因素是來自於母親對他的教育方式。

從小時候開始，吳季剛的喜好和性格都跟一般孩子不同。他不愛玩小汽車，也不喜歡看卡通，卻喜歡看平劇、愛玩洋娃娃。這些在親友眼中「不像個男孩子」的喜好，只有他的母親心中明白，這是孩子喜歡藝術的展現。因此非但不阻止，反而四處託人蒐集娃娃，以行動支持兒子的興趣。

為了尋找適合兒子的方式和環境，她讓吳季剛就讀森林幼稚園，並出國接觸新的東西，拓展視野。然而，作為母親的她，在全力培養孩子天份的同時，對於吳季剛的教育，卻也有著一定的堅持。熱愛藝術的吳季剛，對於唸

書卻興趣缺缺，甚至坦白的對母親表明，自己不需要太高的學歷。而他的母親這樣回答：

「大學畢業是最基本的。我不要求你考第一名或一百分，但是知識、能力一定要有，這樣才不會變成一個只是會縫、會做，卻沒有學問的工人。」

吳季剛成名後，她的母親在接受採訪時，說了一段話：

「孩子的天分是要培養的，可是在培養天分的同時，孩子的基礎教育也一定要有。」

透過相互理解和溝通，一個平凡的母親對孩子進行了一場不平凡的教育，造就了今天舞台上的吳季剛。

這是十分值得我們學習的教育觀。

當父母不畏社會的主流價值，引領孩子走一條適合他的路，用心觀察他的特質，發展他的天賦，拓展他的視野，並在他需要時給予引導和支持，讓他發現自己、認識自己，甚至做好他自己，相信會是父母給孩子最好的人生禮物。

孩子愛玩滑板，怎麼辦

巴菲特有一次在拉斯維加斯演講，結束後有位母親擔心的問他：

「您說要忠於自己，專注在自己有熱情的事物上，這真的很棒，但是，我的兒子卻是對滑板特別有熱情，難道我也要鼓勵他嗎？」

　　巴菲特請這位母親描述孩子玩滑板的樣子。她表示兒子每天都拼命練習，並轉述了兒子對她說的話：

　　「我有新的滑板技巧要去學習，我就必須克服這些挑戰……」巴菲特聽完後微笑回答：

　　「妳應該回家好好擁抱他，對他說，妳將以他為榮！因為這孩子已經學會專注一件事情，去獨立思考怎樣把一件事情變得更好，這比其他任何事都重要。」

　　輔導親子問題時，我經常引用這段小故事，提醒有類似困惑的父母。其實，如果對於孩子而言，「玩滑板」真的能激發他無比的興趣和熱情，那麼父母或許可以思考看看，是否真的要強烈的去禁制他，還是可以鼓勵他勇於嘗試，突破困境，透過這項興趣，他可以從中學到精益求精的專注、跌倒了再度爬起來的勇氣、持續練習技巧的毅力等，這些對孩子而言，都是十分重要的人生態度，更是未來實現人生夢想的重要養分。

學習林書豪父母的教育觀

林書豪在世界籃球殿堂ＮＢＡ展現出卓越的表現，瞬間名揚國際而成爲華人之光。在爲他的榮耀喝采的同時，其實這份榮耀背後，有更重要的意義可以作爲現今父母教育觀的提醒。

畢業於哈佛大學經濟系的林書豪，父母並沒有依照一般世俗的思維，認爲讓一個如此會唸書的孩子以打籃球爲職志，是一件很可惜的事，也不會因爲過去亞洲人在這條路上很少成功，就阻止他想去ＮＢＡ打球的夢想。

相反的，他們選擇的教育方式是「放手」。比起成果，他們更關注林書豪的品格培養，並教育他在追尋夢想的同時，無論輸贏都享受打球過程所帶來的樂趣。正因爲這樣開明的家庭教育，成就了今天的林書豪。

許多家長花費許多金錢培養孩子的才藝，卻鮮少在乎他們眞正的興趣；幫孩子規劃一條讓自己放心的安全道路，卻從不曾協助他們釐清自我，發展天賦去追尋人生的夢想和使命。

其實父母角色的重要，在於對孩子獨立生活能力的培養，而不是過分保護孩子。家長該做的是鬆開對子女過

多的保護和束縛，讓孩子有更多的機會闖蕩，並鼓勵孩子有自信，根據自己的條件盡可能培養自己的能力，發揮自身潛能。

然而，當孩子想實現自身目標或夢想時，父母親也不能只因著「愛」，而盲目給予支持。過程中，父母需要花點時間瞭解孩子：

未來你期望過什麼樣的生活？

為什麼要成就這個夢想？

你已經做好萬全準備了嗎？

你願意付出什麼樣的代價去實踐你的夢想？

夢想達成後，會對你未來的生活造成什麼影響？

這些問題都可以幫助孩子釐清現況，同時，父母親在提問與孩子討論時，必須保持客觀的角度，不事先預設立場，不過度限制孩子的想法與創意。這樣的作法才能讓孩子真實表達內心的感受，形成雙方健康的互動。

此外也才有機會讓父母親的經驗和閱歷，給孩子一些引導和提醒，甚至給予適當的資源和助力，幫助他實現目標、成就夢想。

讓子女嘗試跌倒和失敗

　　觀察現今許多年輕人，都有著一股「假如我不能，我就一定要！假如我一定要，我就一定能」的信念，堅信只要憑著自己對夢想及成功的渴望，就能實踐目標。堅強的信念當然是成功的必要條件，然而背後還是需要詳細的計畫與風險的評估，並逐步踏實才能實現。

　　而父母親的提醒，有時是非常寶貴的人生智慧哲理。畢竟為人父母，總是希望子女能避免錯誤事情的發生，並遠離自己曾受過的傷害，父母同樣熱切希望子女實現理想，因此更願意分享生活的閱歷和智慧給孩子。

　　只是年輕的孩子，往往都會懷著衝勁追求自己的夢想，渴望能有一番作為，成就一些事情。對於自己的目標總有一套堅持的理由，不見得聽得進父母親善意的提醒和建議，甚至覺得他們早就脫離了時代潮流，也不瞭解自己。於是反而刻意持著和父母相反的意見，希望透過自己的堅持和努力，證明自己的選擇沒有錯。然而往往直到事情發生，才理解當初父母的苦心。

　　遇到這樣的情況，父母親其實可以選擇適度的放手，在可以承受的風險評估下，讓孩子偶爾接受現實的碰撞和

磨難，藉由這樣的機會，反而有機會讓他們重新反省，並思考父母親當初說的道理，也能更成熟的面對問題。

此時父母應包容他們的跌倒與失敗，同時持續鼓勵他們朝夢想和理想前進。這樣的歷程，或許不是一條直達成功的道路，不會有當下立現的成果，然而陪伴子女在完成夢想和理想的路上繞一次彎路，路途或許較遠，卻能看見不同的風景，與他們共同經歷生命中真實的歡笑與淚水。

孩子的成長路上不可能一帆風順，遭遇挫敗是必然的過程。當孩子受挫無助，而向我們傾吐時，若父母表現出負面的反應，以嘲諷的口吻或是責罵的言語回應：「早就跟你說過了，你就不聽嘛！」、「你啊！就是不見棺材不掉淚！」、「活該嘛！知道要聽話了吧！」對孩子而言，會產生更大的壓力，變得缺乏自信，放棄繼續向前的動力。更糟的是，可能造成極大的傷害，往後再發生問題，也沒有勇氣再向父母尋求協助。時間一長，親子隔閡自然產生。

父母親若遇到這樣的情況，可以採用下列的態度：

一、給孩子足夠的安全感。

一味批評、責備孩子的差勁表現並不會讓孩子

調整行為或更加努力。事實上，許多教育專家都認為，「健康的自信」才是孩子成功的最大動力。不相信自己會有良好表現的孩子，容易灰心沮喪，提早放棄自己。家長要做的，應該是讓「家」成為安全的避風港，給予孩子正面的支持。當父母採用健康的態度引領孩子面對失敗，才能提高孩子日後成功的機會。

二、用安慰鼓勵取代苛責怒罵。

遭受挫折或失敗的當下，羞愧、沮喪、自信喪失，都是容易產生的情緒反應。有些自尊較高，或是較敏感的孩子，不習慣也不願向他人求助，於是表面可能會裝出不在乎的樣子，開啟自我保護機制。此時父母需要做的，是表現出更多的諒解。以安慰鼓勵的同理，取代苛責怒罵。用溫暖的話語告訴孩子：

「爸爸／媽媽以前也遇過同樣的事情，所以我知道現在你心裡很難過、很不好受，其實每個人都有失敗經驗，這次不成功並不代表你不好，爸爸／媽媽也還是一樣很愛你。」

當孩子相信父母不會傷害他，反而會給予協助時，會慢慢卸下防衛的心態，打開心房表述自己的感受。此外孩子會明白在父母親心中，自己的價值和重要並不會因為成績不好或追夢失敗而降低，於是這樣互相坦白的過程，反而能拉近親子間的互信和互賴。

三、 不要立即給予建議。

孩子心情低落或陷入沮喪時，立即給予建議有時會造成反效果，即使你的建議正確，孩子也容易因為當下的負面情緒而無法接受。首先能做的，是撫慰緩和孩子的情緒，之後藉由出外踏青或進行共同的興趣時，在輕鬆的氛圍下引領孩子討論他所遇到的困難，並提出自己的想法和孩子共同分享。討論過程中，父母的表情和語調扮演了十分重要的關鍵。以充滿愛意而非怒氣的表情，軟性卻堅定的語句讓子女知道你對他的期望，以及你的建議，這樣的表達較易於讓孩子接受並謙虛吸收你的經驗。

別做負面示範的父母

「教養孩童，使他走當行的道，就是到老他也不偏離。」《聖經》（箴言 22:6）

孩子品格、道德建立的過程，往往是由模仿和學習父母的行為開始，因此父母的言行舉止更需謹慎小心。然而我憂心的發現，許多父母並未認知到這點，在孩子面前往往呈現「說一套，做一套」的行為模式。

例如，告誡孩子要遵守交通規則，自己卻趁著警察不在時做出闖紅燈、超速行駛、不走人行道而穿越馬路的行為。

對孩子說：「不可以亂丟垃圾，要有公德心。」自身卻趁著四下無人時亂丟菸蒂、隨口吐痰、吐口香糖或檳榔，或是開車時搖下車窗丟出衛生紙團等缺德的舉動。

有一次搭計程車去高鐵的途中，司機大哥和我分享了一個他載客時的親身經歷。一位中年女性帶著兩個小女孩坐上計程車，兩位小女孩年約九、十歲，司機從她們一路上的談話中得知，原來她們是一對母女和姪女的關係。十多分鐘後小姪女先下了車，車上只剩母女兩人。隔了幾分鐘，小女孩忽然驚訝地說：

「媽！車上有一個皮夾耶！」

司機回頭一看，發現那是一個名牌的長皮夾，皮夾看起來鼓鼓的，此時母親瞪了小女兒一眼，接著若無其事地將皮夾收起來。司機心想，皮夾可能是前一位乘客遺失的，於是禮貌性的詢問：

「那個皮夾是妳們的嗎？」母親立刻變臉大吼：

「你這是什麼意思！」司機愣了一下，委婉說：

「如果是前一位乘客不小心掉的，妳可以交給我，因為對方可能會打電話到車行詢問。或者妳不放心的話，我們可以一起送到警察局……」沒想到，話還沒說完就被這位母親打斷，並以高八度的聲調說：

「皮夾明明就是我們的，是我先下車的姪女掉的，你憑什麼說不是我們的！」司機緩緩的說：

「妳的姪女年紀還那麼小，我只是猜想怎麼可能會用這麼大的皮夾……」

對方聽完後一陣沉默，約莫兩分鐘後就說要下車，於是司機只好停在路邊，帶著不安的心情讓她們下車。

當天晚上果然接到車行的詢問電話，證實這個皮夾的確是先前的乘客掉的。皮夾內有二萬多元現金、兩張五十

萬的支票、信用卡、提款卡和證件等，因為遺失了乘客的皮夾，最後司機也被公司做了一連串的調查。司機說完這個故事後嘆了一口氣：

「唉！之後我常常在想，這位媽媽將來要怎麼教導孩子，她女兒又會怎麼去看待自己的母親？」

身教是孩子價值觀建立的根本。這位母親的行為勢必帶給孩子負面的示範與影響，即使平常諄諄教誨，強調品格的重要，然而關鍵時刻卻沒有建立榜樣，不但破壞了子女對父母的信任，更讓孩子未來會難以接受父母的教導。

以身作則，榜樣建立

我們身處的環境充滿許多誘惑，如果沒有誠信正直的價值觀作為前提，就會受到自己的慾望所影響。

如同基努李維所主演的《魔鬼代言人》，短時間或許得到了益處，職位提升或是收入倍增，然而長久下來可能會帶來內心的不安，甚至最後付出極大的代價，造成不可挽回的結局。

如果你現在正面臨一個誘惑的狀態，或許是金錢，或許是職位，或許是不當關係，或許是其它引誘，此時你

是否能靜下來思考：這個決定能讓我的內心真平安嗎？當我擁有後，內心會得到真喜樂嗎？

答案若是──否──此時你所要做的更好選擇，不是拒絕誘惑，而是遠離誘惑！孩子價值觀及品格的養成，是從父母的身教、行為與榜樣中，發揮潛在學習的影響，因而行在正確的道路上。

所以當家長面臨挑戰或誘惑時，做出對的選擇，同時採取正確的行為，讓孩子看到父母平常所說、所重視的，全都落實在真實生活中，這不僅能讓孩子敬重父母，同時也可以從榜樣中學習，產生影響。

同理體貼：建立良好人際的基石

這一代的孩子生長於物質優渥的時代，加上少子化的緣故，使他們得到的關注與呵護相對較多，在這樣的成長背景下，如果父母沒有時時為孩子釐清正確的價值觀和人生準則，孩子很容易把別人對自己的好視為理所當然，缺乏體貼感恩的心，形成自我本位的錯誤心態。

一個具備同理、體貼特質的孩子，會擁有覺察與理解別人感受的能力，除了能適時發覺對方的需要，也較懂

得幫助他人，因此往往具備較好的社交技巧和人際關係。

此外，同理、體貼也讓他們能從別人的角度看到對方的需要，因而更懂得包容和成全他人。

然而同理、體貼的特質，並非單靠「教導」就能建立，而是藉由生活中點滴累加的行為，漸漸內化形成的美好品格。

身為父母的我們，可以從一些簡單的生活瑣事，慢慢引領孩子培養這樣的特質。例如，陪同孩子一起整理家中的故事書和玩具，將不需要的物品轉送他人，趁機提醒子女珍惜資源的重要。

另外，帶孩子去玩盪鞦韆時，不妨提醒孩子將心比心，想像自己「只能看不能玩」的畫面，透過這樣的情境讓孩子學習「讓位」，讓大家都有輪流玩耍的機會。或是透過親子「桌遊」的遊戲與規則，讓孩子在「玩」的過程中，引領孩子建立應有的品格與價值觀。

當我們以這樣的原則去教導孩子，就能漸漸影響孩子，成為一個懂得體諒他人、對生活感恩的人。

成功的教養

　　成功的教養，並非只是把孩子養育成人，而是教會他領受愛，付出愛，並體會到人際關係的美好連結。而當孩子學會建立關係、與他人連結的能力，他將會成長為懂得愛與被愛的人，並且影響更多的人，形成良善的循環。

　　建立孩子愛和關懷的品格，我們可以這麼做：

一、**以身作則，主動擔任志工或參與服務活動。**

　　　　當孩子從小就看見父母的榜樣建立，自然能內化成美好的信念。對年幼的孩子，可以帶他們去育幼院、養老院等地方服務。對青少年的孩子，可以鼓勵他們參加「飢餓三十」，或是認養貧童的公益活動。當孩子在從事服務的過程中，實際感受到自己的行為即使微小，卻能對他人和環境帶來良善的影響時，除了能提升健康自尊外，也能讓他們未來更願意去付出愛及關心，重視人際美好關係的連結。

二、**隨時運用周遭的生活情境對孩子做機會教育。**

　　　　例如鼓勵孩子協助行動不便的人們過馬路、讓

座給長輩及孕婦等，從生活中教導他什麼是「愛心」的表現。

三、培養儲蓄習慣，並讓他有自主權及捐獻的機會。

讓他體會到即使金額不多，但微小的付出也能為社會帶來一些美好的改變，從中激發孩子重視公益和利他的道德觀念和態度。

四、對於孩子任何愛心的表現，要適時給予獎勵。

可以是口頭讚美、一張卡片或是獎狀，父母可以試著說：

「兒子，你真的很棒，爸爸看到你這麼有愛心，真的很感動，爸爸以你為榮！」當父母以溫暖肯定的態度強化他的行為，孩子自然能激發更多正向的動力。

傾聽取代指責，引導取代教訓

根據自己的一些經驗和觀察，我發現許多家長遇到類似事件時，會選擇以其他方式處理。有些父母「站在保護孩子立場」的心態一味偏袒，不問事情的來龍去脈，也不問是非對錯，於是形成孩子錯誤的認知，認為「千錯萬

錯，不是自己的錯」，總認爲問題的發生是因他人而起，永遠不會懂得自我檢討。

幾年前台南一名房姓男子，凌晨坐機車後座沒戴安全帽，被警方攔下盤查身分證，疑似因沒抓到寶把氣出在警方身上，房男不耐煩地說要找母親，還說：

「我坐後座抓寶可夢也犯法嗎？」並且質疑警方身分，警方在一旁解釋，房男則掏掏耳朵說：

「我耳朵有點痛，可能是剛剛聽了畜生講話。」員警聽到後立即將房男以妨害公務罪逮捕。

報導指出，由於房男情緒不穩，警方還銬上手銬與腳鐐，房男要警方好好扶著，以免跌倒他要提告，隨後自己跌倒則斥責警方：「我不是要你輕輕扶嗎？」

房男家屬趕到警局後，向警方求情希望能放人，並表示房男從小心地善良，只是嘴巴壞。

只會溺愛的父母，若不適時點出孩子的問題，指正他們的錯誤，甚至把責任歸咎於他人，這樣的作法只會造就孩子不負責任的心態和凡事取巧的念頭。當孩子缺乏同理、關懷及自省的能力，勢必對未來的人格發展會產生極爲嚴重的影響。

當然也有些父母在事情發生的當下，還不了解狀況就直接劈頭大罵，甚至使用肢體暴力，這種處理方式會讓孩子對父母親產生畏懼感，時間一長，孩子自然不願意和父母溝通，於是造成親子關係的冷漠和疏離。

　　孩子成長的路上難免會犯錯，在錯誤發生時，若父母能以傾聽取代指責、以引導取代教訓，當孩子從父母身上感受到充分的「愛」與「包容」時，會更勇於承認犯下的錯。此時父母再適時灌輸正確的觀念，往往能讓孩子更有動力修正改變和調整自己。

誰剪了孩子的翅膀

　　「你剪掉了我的翅膀，卻怪我不會飛！」

　　在雜誌上看到這句話時，心裡受到很大的震撼。許多父母會依照自己的期待教育孩子，最後卻讓他們失去了自己。為人父母的我們都該提醒自己，教養孩子不是為了彌補我們失去的遺憾，更不是為了成就我們未完成的夢想。

　　當父母願意走進孩子的世界，才能真正發現他的優勢天賦，不會將自己的個人期待建構在孩子身上，同時也能找出最適合彼此的共處方式。

孩子各有其天份與特質，有些孩子天生活潑熱情，有些孩子則內向害羞；有些孩子擅長運動，有些孩子在課業方面表現優異……藉由用心觀察，適才適性的發展他、引領他、陪伴他、鼓勵他，引出他生命中最好的部分，最終你會驚喜的發現，他會在自己的世界裡，活出自己，展翅翔翔！

放手讓孩子飛

　　許多年輕人剛踏入社會時，對於未來其實充滿了許多未知和莫名的恐懼，因為他們正處於嘗試探索自己、認識自己，甚至十分渴望能「做最好自己」的階段。然而有些人並不瞭解自己的興趣和志向，甚至不清楚以自己有限的學歷或專業，能夠成就哪些事，因此在職涯的選擇上，往往會不斷的嘗試摸索。

　　許多家長擔心孩子沒有定性，同時也害怕子女選錯行、走錯路，再回頭已浪費寶貴的時間。其實「年輕」正是孩子最好的本錢，若他不清楚自己的興趣和志向，可以在初期階段勇於嘗試、挑戰各種可能，或許會從中找到一條屬於自己的道路。

即使沒有順利找到方向，也會在摸索的過程中學到許多寶貴的經驗，畢竟人生不是得到，就是學到。

因此父母親在初期不需要過度擔憂，孩子所展現的「態度」反而才是我們要關注的。例如他工作時是否認真努力，為人處事是否良善謙和，面對挫敗是否能正面思想、勇於接受挑戰……，建立子女良好的品性和正確的態度，才是給孩子最好的資產。

當子女在釐清職涯的過程中發生不順遂、不如意的事時，做家長的我們，要適當引領孩子健康思考，給予鼓勵和支持，強化孩子抗壓和耐壓力，這些舉動會對孩子產生一股安定的作用，學會克服逆境，更加茁壯。

相信藉由這股愛與溫暖力量的支持，以及孩子自身的努力，假以時日，他們也會擁有一片屬於自己的天空。

聽爸爸說故事

「爸爸，可以開始了。」

我示意助理婉綾把錄音筆放在桌上，看著她飛快的攤開筆記本，緊握手上的筆後，我轉頭對爸爸輕聲說道。爲了創造安心的氛圍，採訪地點刻意選在家裡，我讓爸爸坐在平時常坐的位置上，沏上了一壺他最愛的烏龍茶。

眼前的爸爸顯得有些侷促不安。他望著我的眼神，仍如同熟悉般的慈愛溫和，我知道那目光裡飽含了對子女濃濃的愛。然而他此刻的眼神，儘管溫和，卻也閃爍著一絲迷惑。

他的不安，我完全明白。畢竟這是第一次，兒女主動要求要聽他的故事。

起初他以爲這只是個玩笑，並沒有放在心上。萬萬沒有想到，他的兒子是認眞的。不但一一採訪兄弟姊妹，甚至那麼愼重的，把父親說的話逐一記錄在紙上。更讓他驚疑不定的是，自己的故事竟然要出版成一本書！

這些舉動都讓這位當年近九十歲的老人家感到惶惑：如此平凡的自己，說出的故事必定也是平淡無奇啊！怎麼會有人感興趣呢？

看出父親的不安和無措，我和妻子起身給了他一個厚實的擁抱，輕聲在他耳邊說：

「爸，您放心吧，都交給我們！」

終於他臉上出現了微笑，緩緩的開口了：

「那一年呵……」

此刻四周悄然無聲，剛泡下的茶葉在熱水中溫柔的舒緩開來，冒出蒸蒸的白霧。我的老爸爸要開始說故事了。而作為他的兒子，我是多麼願意，聽爸爸說一輩子的話。當我按下錄音鍵，爸爸開始娓娓述說他的人生故事：

那一年，我記得很清楚，是 1947 年。

我，陳春芳，那年剛滿 19 歲。

我出生在江西中部一個小城市，原本有六個兄弟，然而當年農村物資極度匱乏，在窮困的環境中溫飽已經難求，醫療物資更是一種奢求。一般村民得了病，往往只能聽天由命，自求多福。

我家六個孩子中其中有三位手足，就在出生後因病而先後夭折，更不幸的是我母親也在我年幼時過世，讓家中頓時失去重心和支柱。我的父親為了撫養我們還活著的三兄弟，只能出外工作，將孩子託付給親戚們照顧。

於是從小我就由堂嬸帶大，後來為了方便求學，小學五年級開始就離家住在城市的姑媽家。姑媽對待我固然不差，然而我當時年紀尚小，驟然面對一個全新的環境，以及一群不太熟悉的家人，難免感到徬徨和無助。俗話說：「金屋銀屋，比不上自己的狗屋。」寄人籬下的我，經常有一種無依的漂泊感，總覺得那裡不是自己真正的家。

我就讀小學的那幾年，正是對日抗戰的時期。只要聽到「嗚、嗚、嗚」的警報聲，大家就會立刻往防空洞跑，直到警報解除後才出來。這樣的空襲威脅十分頻繁，各地更不時傳出房屋被炸毀，或是有人被炸死的消息，空氣中總瀰漫著恐慌的氛圍。

有一年的暑假，當地接到「日本兵要來了」的消息，在一片驚嚇中，我和哥哥、堂嬸以及村莊的其他人，挑著簡單的行李和糧食拼命往山裡跑，找了一個地方暫時躲藏。這一躲，就是十來天。有一天午後，他們從草叢的遮

掩縫隙處，親眼見到山下路上的逃亡者被日本兵搶劫，進而追殺的情景。躲在山上的一群人嚇得一動也不敢動，深怕被日本兵發現。

當時村中有一名婦女帶著嬰孩躲藏在其中，嬰兒或許是受了驚嚇，忽然哭鬧不已，婦女怎麼哄也止不住。為了保全村人的性命，不得已之下，婦人只能別過頭，忍痛把嬰兒活活悶死。事隔數十年，直到現在我仍然記得那個午後，有個無辜的嬰孩被活活的悶死。那幕情景在我心中，留下了深刻的刻痕。

升高一那年，當時中共的勢力已席捲整個中國大陸，中央失去政權，整個社會動盪不安。學校停了課，同學們也四處逃散。當時我的父親在贛南與人經商，於是我南下尋親，在贛南待了一段時間，面對無書可讀的日子，心情異常煩悶焦躁，父親看在眼裡很是心疼，於是對我說：

「回家吧，回老家結婚吧！」

農村的孩子，大約都在那個年紀結婚，我心裡明白，父親是希望我留在家鄉，不願讓我在外流浪。可是啊，當年我儘管身形已經發育得仿如一個足以承擔家計的大人，然而內心裡，我仍是個 19 歲的少年。19 歲，正介於大人

與少年的模糊交界，走在路上時背脊總是挺直的，微微抬起的胸膛裡，懷著一股豪情，幾分膽識，和一種輕狂。

那是一種躊躇滿志的少年情懷，年輕的我，急迫的想闖蕩這個世界，試著証明一些什麼事物。我不願和其他農村孩子一樣，在這個年紀就結婚成家。

某天我在大街上看到前方擠滿了人，大家爭相看著一張前東南軍政長官公署招訓學生的公告。原來先總統為了搶救大陸知識青年，正在徵召流亡學生到台灣。只要憑學生證就能辦理，當時已經登記了好幾百人。擠在人群中的我望著那張公告，告訴自己：

「乾脆去台灣看看吧！」

原本我的父親不願意我離開，一位學校的校長知道此事後，對我的父親說：

「沒關係，我帶他去吧！我會照顧他。」於是父親終於勉為其難的答應。

這就是爸爸為何來到台灣，也為何在此成家立業，照養我們四個孩子的故事背景。我曾經問過爸爸，離鄉背井，難道不害怕嗎？

爸爸搖搖頭，說不害怕。

他說那時候實在太年輕了，膽子特別大，只覺得新鮮好玩，心想：

「我去台灣看看，玩一圈就回來。」

當時年少的父親，還藏著童稚的玩心，只當這次啟程是一場遊戲。當時他信誓旦旦的認為，即使沒了盤纏，他也會一路乞討回到故鄉。

爸爸就這樣離開了家鄉。

他沒料想到的是，這次的離開，實在太久太久了。

命運的這一場大遊戲仿如地震般，震得每個人流離失所，散落在時代的各個角落。

直到民國78年，爸爸才終於回到了江西的老家。在和爸爸聊了他為何會決定來台灣後，接著繼續錄音聽他講述後來的故事：

軟嫩香甜的台灣滋味

當年我離家時，身上幾乎沒有行囊，只帶著一個「大頭」。那是離走前我的父親手交到我手上的，為了怕被偷走，我還用腰帶密實的綁在身上，之後跟隨著一批批學

生，我就這樣啓程了。

從不同地區的學校召集而來的學生，大多互相不認識。最初我們被汽車一路搭載直到廣東紹關，才改搭乘火車。然而火車開了不到一小時就停了，接著大批軍人衝上火車，拿著槍催趕我們下車。

一大群的學生都懵了，不曉得發生什麼事。我只記得看到帶隊長官上前交涉，過了一會兒大家又被催促上車，火車繼續發動前進。只是這一次，上級單位派了大約一連軍隊保護學生，若有人想強行上車，就會被一槍打死。

火車一路開到廣州，最後停在番愚縣。大批的學生住進了廟裡，白天有老師幫我們這些流亡學生上課，夜裡一群人則在地上鋪上稻草，裹著一條毯子睡覺。原本聚集的學生大多都來自江西，後來從湖南、廣州陸續加入一批批學生，從高中到大學都有，人數逐漸增多，即使有些人在途中離開回去老家，最後的總人數仍舊有八百多人。

一群學生在廟裡住了一個多月後，在一個深夜，船終於來了。因爲沒有碼頭可以靠岸，大家只好划小船靠近船隻，再一個一個爬上去。爲了怕重心不穩，不能攜帶行李，只能在背上背個小包。我至今仍記得，許多人因爲捨

不下行李，在攀爬的過程中，一不小心就摔下去，「噗通、噗通」的落進水裡，暗夜中聽起來格外驚心動魄。

　　現在回憶起那晚的情景，只記得沙灘上擠滿了人，行李都遺留在地上，滿地都是拿不動的錢！船上成列排著軍人，等船上人數差不多滿了，就禁止其他人再登船，遇到強行上船者，就不留情的用槍打落水裡。

　　船艙十分悶熱，第一次搭船的我和同行的友伴都暈船得很嚴重，整整兩天都沒吃飯。終於，船緩緩的停靠在基隆港，台灣到了！一群學生搖搖晃晃的下船，全都餓得發昏。看到旁邊有販賣香蕉的小販，我摸摸腰際上的錢，摸出兩個僅剩的零錢遞給小販，換來好大一根香蕉。

　　這輩子在那之前從沒吃過香蕉，不知道該怎麼吃，左看右瞧，看到路人拿著和自己一樣的水果，只見對方剝了皮就吃，十分豪邁。於是我才學著對方，去掉了黃色的表皮，將白色的果肉湊近嘴裡咬上一大口！當下只覺得味道甜甜的，十分軟嫩好吃。

　　於是這微甜的味道，成了當年 19 歲的我記憶最初的台灣記憶。這樣的「台灣味」，也在此落地生根。

　　這批來台的學生，起初由政府編列預算，經由考試

後按程度編班上課。這樣的光景持續了半年，政府不再撥放預算，於是老師離開了，校長也不見了，學校將學生證和在學證明交還給剩下的三、四百位學生。

學校解散了，一部分的學生去投靠親戚朋友，剩下的學生在台沒有任何依靠，於是全都當了兵。

講到這裡，爸爸輕輕嘆了口氣：

「都是為了吃一口飯啊！」

最初爸爸在總統府當衛兵，一開始連槍都拿不動，甚是辛苦。待了一年後，拼著命考取了空軍通校初段班，畢業後分發到台南機場見習。幾年後再考上國防特考，負責人事行政，最後在松山機場擔任人事主管直到退休。

民國 49 年爸爸被調回岡山機場服務，過了三年就和母親結婚。對此刻的父親而言，江西老家的水湄偶爾會成為夢中的風景，柔柔地在他的夢底搖盪。然而台灣已成了他的家。在父親落地的同時，從此生了根。

不再隻身一人的台灣故事

後來的故事，已經不再是爸爸一個人的故事。

而是爸爸和我們四個兄弟姊妹的故事。當年他在物質

極度艱困的環境下，拉拔我們長大，從未說過一句怨言，我們在他的愛中，看見了什麼是「責任」和「犧牲」。

他只是個平凡的老爸爸，就像你我的爸爸。平凡卻偉大。

我是如此以我的爸爸為榮。我能為爸爸做的，只有盡量陪伴他，聽他說著過往的故事。

這本書的誕生，要非常謝謝我太太 Celine。她是最早提出這個想法的人，想記錄爸爸對子女的愛，想讓爸爸知道他這一生所言所行，對子女有著美好的影響與傳承，他為他人所做的，所付出的是有價值和意義的。因此她不斷地透過各種機會，各種方式與父親閒談聊天，讓爸爸在較無壓力述說著他的故事，在遺忘的記憶中，慢慢喚醒他塵封已久的回憶，使得這本書漸漸有著完整的面貌。爸爸用一輩子無怨無悔的愛，關愛四個子女，對於子女的另一半，也都當成家人一樣對待。爸爸對待 Celine，也如同對待自己女兒般的疼惜與呵護，讓 Celine 真切地感受到這個家充滿愛與溫暖。

每一位父母親都有他成長的背景和故事，作為子女的我們可以在陪伴他們的同時，聊聊過去父母的一切，理解他們過去在時代背景下辛酸努力的一面，或許會對年邁

的父母親，多出一份尊敬和體貼。

自大陸開放探親以來，父親每一年都會回老家探望親人，近幾年來，隨著身體逐漸衰老，回老家的奔波路程對年邁的他而言十分辛苦。然而他心心念念，仍想回老家看望，畢竟江西是他思念的家鄉。

陳春芳，我的父親，現在已改名爲陳震宇。在流離失所的那個年代，他在書面所登記的名字和出生年代都是編的。我並不瞭解父親的年少歲月，那個時代的過程距離我已經太遠太遠。然而，至少我能選在此刻聽他說說話，用一本書紀念爸爸長達九十多年的坑疤歲月。

茶香仍飄散在空氣中，他已經說完了故事，正半倚著沙發歇息。而我悄悄湊近他身旁，密實的握著父親粗糙的手，輕聲說道：

「爸爸，謝謝您！您眞的辛苦了！」

我看見我那頭髮斑白的老爸爸，聽到我說的話後，胸膛驕傲的挺起，微微的笑了。

後記

濱江街，我們的家

　　小時候全家都住在高雄岡山的大鵬六村。低矮的房舍和狹窄的巷弄是當時隨處可見的景象，童年充滿了在鄉野溪流間撈魚、摘水果、挖地瓜，或是偷拔甘蔗而被蔗農追著跑的回憶。

　　當時的物質生活極度貧乏，即使是最重要的年節，也沒有新衣服，自然更不可能擁有新玩具，然而我們互相吆喝著，聚集起來玩著官兵追強盜的遊戲，用歡騰的笑聲彌補了物質上的不足。

　　後來我們全家北上，住在台北的濱江街。

　　當時我們住的那個區域是低陷的盆地，放眼望去四周全是稻田，十分偏僻荒涼。此外，當時家中沒有電，僅利用微弱的燭光度過每一個夜晚。實在逼不得已需要用電時，我們就偷偷地接別人的電使用。其實電力公司的人員知道我們偶爾會偷接電，然而或許是看到了家裡困窘的情況，對方因此半睜著眼，默許我們這麼做。於是直到家裡經濟允許使用電力前，這樣的情形持續了好多年。

這樣的善意，或許正是那個年代純樸的人情味。

當時除了沒有電外，家中也沒有水。每天的日常用水，也是去偷接而來的，之後再用一根擔子挑回來。這樣的生活持續了三、四年，之後才買了長長的皮管，偷偷接別人家的自來水使用，暫時解決了用水問題。

當年只要一下雨，由於盆地凹陷的地形，以及周圍都是稻田的情況下，四周會全數被雨水淹沒，出入的通道會完全被阻絕。每每都得靠著從前當過蛙人的小叔拿著一條長長的麻繩，游到一百公尺遠的岸邊後，把麻繩密實的牢牢綁在岸邊，我們才能坐在大鋁盆上，奮力拿著簡單的槳「划」出去，解決出入的問題。

出入問題解決了，卻仍擋不了淹水的危機。父親在舅舅們幫忙下，幾個人克難釘出來的簡陋木造房子，此時家裡十幾處都會同時漏水，我們只得慌忙的擺滿一堆臉盆、杯子或容器，在滴滴答答的多重交響樂中入眠。

在如此嚴苛的環境下，自然也沒有衛浴空間。所謂的「廁所」，是以茅草簡陋搭建而成，只在中間挖一個洞，四周則使用木板勉強隔起的茅坑。由於排泄物會越積越多，因此每使用一次，我們就得往上再加一塊磚頭。時間

久了，磚塊自然越疊越高，每次使用時我們都小心翼翼，深怕一個不平衡，跌了下去……

如今童年的眷村早已全部消失，逐一改建成嶄新的大樓，而濱江街也已全換了面貌，看不出當年的情景。舊日的歲月已然遠去，然而那些舊眷村、舊器物、舊人情，如今全成了玫瑰色的溫暖記憶，總在全家相聚時，一次次在閒聊之間反覆溫習。

緊密聯繫的情感

和媽媽剛分開的前幾年，對爸爸而言，是最艱辛的一段日子。

一肩挑起了經濟重擔和照料孩子起居的爸爸，面對正在發育、胃口其大的四個子女，除了絞盡腦汁思考該如何餵飽大家的胃，同時也要想方設法顧及我們的營養。

記得當年最期待的，是爸爸偶爾帶回家的小驚喜——向攤販收購即將收攤的水果，大多是李子、柳丁等較便宜的果類。這些被攤販淘汰的水果，多半都曾被碰傷或撞爛，用刀子削掉後往往只剩下小小的一點果肉，然而那股甜香仍然能讓我們津津有味的吮食著。

而每逢過年，爸爸也會買一顆蘋果作爲慶祝，那一顆香脆紅豔的蘋果經常讓我們饞得快要滴下口水，蘋果在全家手裡交替傳遞，每人輪流咬下一大口！那一口味道，彷彿至今仍存留在齒頰間。

　　小學三年級時，我和大姊就開始打工，接過清潔工、聖誕節裝飾品的代工，以及電子工廠的零工等工作。長大一點之後，我們也曾到啤酒屋去打工，爲的就是希望能多賺一點錢，能多少減輕一些家中的負擔。

　　其實爸爸從不曾要求我們賺錢幫助家中經濟，然而從小看著爸爸的辛苦，我們都感到十分不捨和心疼，因此總在自己能力可及範圍內，盡量幫忙爸爸。後來母親曾經提議，可以讓大妹和四弟搬去和她一起住，以減輕爸爸的負擔。

　　然而爸爸不願意拆散四個子女，寧可咬牙獨自扶養我們。我們四個兄弟姐妹也不肯分開，情願過著窮苦日子，也要全家人都在一起。一家人的情感，因而益發緊密起來。

　　爸爸並沒有因爲經濟和家務的雙重責任而疏於對我們的關心，每天按時回家吃飯的爸爸，偶爾遇到晚上需要

外出的時刻，他會在桌上留下一張紙條，告訴我們他去了哪裡、幾點回來，此外紙條上還會附上幾句對我們的叮嚀。漸漸地，我們也養成了同樣的習慣，如果爸爸還沒有下班或外出時，無論兄弟姊妹誰要出門，總會留下一張紙條告知爸爸。

在那個沒有手機的年代，那一張張愛的紙條，成為我們彼此相依的證明。

爸爸的一雙手

「你們當中有誰曾經仔細看過父母親的手？」

記得我剛踏入教育訓練產業時，有一次在海外進修的課堂上，聽到老師對全班提出了這個問題。

沒有任何人舉手。接著老師緩緩的再度問道：

「有誰還記得，自己上一次對爸媽說『我愛你』是什麼時候？」

連續的兩個問句，帶給了我很大的震撼。

我記得爸爸勞動家務時，那一雙忙碌於照料我們的雙手，也記得每當沮喪挫折時，爸爸握住我的手給予鼓勵時，掌心傳來的篤定和溫度。然而，我卻從來沒有仔細端

詳過爸爸的手，更不曾對爸爸說出「我愛你」。最後老師在課堂上作了結論：

「今天回家，大家都試著做一次看看，相信每個人都會有意想不到的收穫！」

那時我人還在海外，但心中一直記著老師說的話。於是決定，回台灣後，我一定要試試看。返台在辦公室處理完當天業務後，那天我比預計的時間提早回家。還記得當天爸爸為了迎接我，還特地燉了一鍋好料正等著我。爸爸一看到我，驚訝的問：

「咦？兒子，今天怎麼這麼早回來？」沒想到這句開場白跟平常不一樣，我一看到爸爸，先前下定的決心瞬間消失無蹤，我結結巴巴的回答：

「沒、沒有啦！因為……今天剛好沒什麼事，想說早一點回來！」

吃飯過程中，好幾次我想開口，話到了嘴邊卻又吞了回去，只能胡亂的猛夾菜以掩飾我的尷尬。吃過晚飯後，我仍然坐在客廳，思考著該如何尋找適當的時機。爸爸也察覺到我的異樣，關心的問：

「兒子呀！你今天好像怪怪的，是不是有什麼事想

說？」爸爸的問話讓我鼓足了勇氣，我終於開了口：

「沒什麼啦⋯⋯只是，爸，你能不能讓我看一下你的手？」

爸爸雖然感到困惑，仍然伸出了他的手。那是一雙蒼老而滿佈皺紋的手。我接過他的手，撫摸著他手背上浮起的一條條青筋，再翻轉手背，讓掌心朝上，用手指摩挲著手心的紋路。想到爸爸這一生種種的艱難，以及無論再辛苦，也不肯放棄關愛孩子的心。

我的眼睛濕潤了。

一種混雜著歉疚、不捨和感恩的情緒襲上心頭，我忍不住抬起頭，望著爸爸的眼睛，懇切的說：「爸爸，這麼多年來你真的很辛苦，媽媽離開後你沒有一句負面的怨言，你花時間照顧我們，用愛陪伴我們，如今換我們四個孩子陪伴你，爸，你真是偉大，我真的很愛你，謝謝你」」話說出口的同時，我的眼淚不自覺的流了下來。

爸爸被我這一番話愣住了。他一句話也沒說，然而我看得出來，爸爸其實是感動的。我索性再開口：

「爸，讓我抱一下，好嗎？」

爸爸對我們關愛的行為展現，向來是一種內斂而低調

的溫柔，因此我的提議再次讓爸爸愣了一下，因為自從我讀國中以來，我們父子倆已經十多年沒有擁抱過彼此了。帶著一點不安，爸爸張開了雙臂，而我上前，緊緊地擁住了爸爸。

那一晚，爸爸並沒有多說什麼，然而隔天我起床，發現桌上擺著熱騰騰的早餐，旁邊附上一張叮嚀的小紙條。

我的眼睛再度濕潤了。我知道，這不只是一份早餐，而是爸爸表露愛的方式。

當個留燈的人

《孩子，回家吃飯吧》一書的籌備，歷經多次採訪父親、刪改稿件、尋找老照片和出版社討論方向等過程，隨著全書樣貌漸漸成形，自身的心情也逐漸激動起來。過去也曾出版過幾本著作，然而這本書的意義，對自己來說十分重大。

它讓我更加靠近、瞭解自己的父親。

藉由和爸爸共同回顧往事的過程，我逐漸明白當年爸爸處理許多事情時，背後的作法和原因，也更深刻的體會到，爸爸一直以來是用什麼樣的心情在養育我們。同時，

這不只是獻給父親的書，也是一本獻給父母的書。

當年即使生活面臨許多考驗，然而父親始終笑著面對一切的困境，無聲的向我們傳達「活著就是好消息」的訊息，用自己的堅強樂觀，為兒女建立了良好的人生觀。

儘管上一代父母的成長背景和這一代孩子有極大的不同，然而我始終認為：無論世代如何變化，父母對孩子的有效管教原則也不會改變。

培養孩子良好而完整的人格，是做父母的任務之一。身為父母的我們，要為孩子在成長的過程中點亮一盞燈，指引孩子在人生這一條漫漫路上，該具備的誠信、正直、善良、勇氣等品格。

此外，我們除了要當「點燈」的人，也要做個「留燈」的人。為孩子留一盞燈，一些可以延續而傳承的美好事物。教會他學習愛與被愛，理解真正成功的意義。讓他明白生活中的幸福，不在於功成名就，而是在於一些簡單的日常片段：

睡一場香甜安穩的好覺。

擁有幾個真正可以傾吐心事、互助扶持的友伴。

夫妻共享生活瑣事的時光，以及一個溫暖的擁抱。

要他懂得，幸福不需要苦苦追尋，不需要翻轉整個人生，只需要改變心態，就能在例行的生活中找到幸福。

讓我們的孩子們明白，如果能幫助他人找到快樂，自己也能獲得真正的快樂。

教會他懂得這些人生的道理，終於有一天，我們的孩子也將為他的下一代，留一盞溫暖的燈。

於是這些美好的事物，會傳承給孩子們的孩子。

後記
濱江街，我們的家

興奮又惶恐的任務

吳婉綾

剛接下這個任務時，心情是興奮卻又帶點惶恐的。

興奮的是七年級後段的我，可以有難得的機會親訪一位橫跨時代動盪的長輩，聆聽陳伯伯自年少離家以來在台灣生根的艱苦歲月，以及辛苦養育子女的歷程。

惶恐的是，自己生澀的採訪技巧，以及仍待多方磨練的文筆，是不是能在情節開展和細節設置不脫離真實人物經歷的情況下，質樸而清晰的傳遞本書欲帶給讀者的訊息。

在複雜的心情交錯下，我來到了陳老師位於青年路的老家，見到了陳伯伯。

陳伯伯並不是熱情多話的人，卻能讓初次見面的人，感受一股溫暖樸實的安定能量。每一次前往拜訪，他必定親手沏上一壺茶，端出滿滿一盤點心零食，笑著招呼我：

「嘿！今天家裡有核桃酥哩！愛不愛吃？」知道我獨自一人在台北租屋，若訪談結束時天色晚了，陳伯伯也會親切的挽留我一起用餐。

有次的採訪日剛好安排在颱風來臨前夕，訪談結束後，外頭已是大雨傾盆。陳伯伯本來想陪著我下樓，我委婉的拒絕了他的好意，獨自一人躲在騎樓下等待公車。

大約五分鐘後，只見陳伯伯拎著一把雨傘下樓，看到我驚訝的眼神，他溫和的說：

「雨這麼大，沒有親眼看到妳上公車，我不放心呀！」等待公車的過程中，他把手放在我肩頭，對我說：

「吳小姐呀，妳自己一個人住在外面，如果吃不習慣，可以常常來家裡吃晚餐，不要客氣！」瞬間，我有種想落淚的衝動，那是一種很溫暖的感動。這些日子以來和陳伯伯的幾次互動，讓我知道他的問候和關心，都是出自他關懷一個人的真心誠意。如同書中描述的性格般，陳伯伯就是這樣一位慈藹、溫和而樸實的老人家。

二十多歲的我，儘管距離「母親」的身分還有一段距離，然而藉由採訪陳老師以及其他兄弟姊妹的過程中，我逐漸明白一個偉大的父親，一個成功的教養，不只能贏得子女的愛，更能擁有他們的尊敬。

我誠摯而謙卑的希望這本書的出版，能帶來一個美好家庭關係的起點。

關於起初

「起初」的命名，來自於一個美好的心意。

因為相信起初神創造了天地，
當中充滿了豐富的奧秘和感動的奇蹟，
所以相信人生的價值和意義，
也需要從生命的源頭去探尋。

我們希望在「起初」，
每個人都能認識起初的自己，
找回工作的初衷與熱情，
重建家庭的關係與親密，
感受生活的喜悅與驚喜！

透過不同的形式，
我們期待陪著你一起，
經歷生命的高山和低谷，
獲得成長的養分和力量。
目前我們提供的項目有：

【公開課程】

為個人職涯發展和多元學習，提供再進修的專業課程，

協助你突破工作或人際的階段性瓶頸，

提升自我價值，發揮影響力！

【個別教練 / 諮詢輔導 / 價值觀評測】

協助探索自我的天賦特質、資源和助力，

藉由問題癥結的釐清和價值觀的調整，

對婚姻、親子、兩性、職場、人際、領導、經營策略等面

向，提供方向與策略，

突破盲點與困境，重拾信心和勇氣！

【企業培訓】

為企業需求量身訂做，提供相關主題的內訓或講座，

共同努力為企業凝聚團隊共識，

提升競爭實力！

【文創商品】

透過溫暖療癒小物和各類商品的陪伴，

懂得把生活過好，過好生活，

再次找到前進的動力和能量！

【公益活動】

起初長期投入公益與偏鄉教育，

希望能為有需要的人們盡一份心力，

相信每一份愛與關懷的力量，都可以讓社會更美好！

如果你也認同這樣的理念，

想更加地認識我們，

可以透過以下網址，了解我們在做的事：

起初官網	Youtube 頻道 起初之聲	起初 FB

孩子,回家吃飯吧!企業名師陳煥庭與父親的六堂人生練習課關於:「言教、
身教、陪伴、信任、感恩與愛」/陳煥庭著.--初版.--臺北市:布克文化
出版:家庭傳媒城邦分公司發行,2019.08
面; 公分
ISBN 978-986-5405-02-1(平裝)
1.家庭關係 2.親職教育
544.1 108013024

孩子，回家吃飯吧！
企業名師陳煥庭與父親的六堂人生練習課
關於：「言教、身教、陪伴、信任、感恩與愛」

作　　　者 - 陳煥庭
美 術 編 輯 - 林芝因
封 面 設 計 - 李岱螢
責 任 編 輯 - 華華

總 編 輯 - 賈俊國
副 總 編 輯 - 蘇士尹
行 銷 企 畫 - 張莉滎‧廖可筠‧蕭羽猜

發 行 人 - 何飛鵬
法 律 顧 問 - 元禾法律事務所王子文律師
出　　　版 - 布克文化出版事業部
　　　　　　台北市中山區民生東路二段 141 號 8 樓
　　　　　　電話：(02)2500-7008　傳眞：(02)2502-7676
　　　　　　Email：sbooker.service@cite.com.tw
發　　　行 - 英屬蓋曼群島商家庭傳媒股份有限公司城邦分公司
　　　　　　台北市中山區民生東路二段 141 號 B1
　　　　　　書虫客服務專線：(02)2500-7718；2500-7719
　　　　　　24 小時傳眞專線：(02)2500-1990；2500-1991
　　　　　　劃撥帳號：19863813；戶名：書虫股份有限公司
　　　　　　讀者服務信箱：service@readingclub.com.tw
香港發行所 - 城邦（香港）出版集團有限公司
　　　　　　香港灣仔駱克道 193 號東超商業中心 1 樓
　　　　　　電話：+852-2508-6231
　　　　　　傳眞：+852-2578-9337
　　　　　　Email：hkcite@biznetvigator.com
馬新發行所 - 城邦（馬新）出版集團 Cité (M) Sdn. Bhd.
　　　　　　41, Jalan Radin Anum, Bandar Baru Sri Petaling,
　　　　　　57000 Kuala Lumpur, Malaysia
　　　　　　電話：+603- 9057-8822
　　　　　　傳眞：+603- 9057-6622
　　　　　　Email：cite@cite.com.my

印　　　刷 - 卡樂彩色製版印刷有限公司
初　　　版 - 2019 年 08 月
售　　　價 - 新台幣 300 元

ISBN ／ 978-986-5405-02-1(平裝)